电子商务专业新形态一体化系列教材

网店运营

主　编　刘兆龙　丁红丽　邹　雪
副主编　郝莉莉　曲永俊　许　真
　　　　王礼鑫　张鹏刚

北京理工大学出版社
BEIJING INSTITUTE OF TECHNOLOGY PRESS

版权专有 侵权必究

图书在版编目（CIP）数据

网店运营 / 刘兆龙, 丁红丽, 邹雪主编. -- 北京：北京理工大学出版社，2022.8

ISBN 978-7-5763-1592-9

Ⅰ.①网… Ⅱ.①刘…②丁…③邹… Ⅲ.①网店—运营管理 Ⅳ.① F713.365.2

中国版本图书馆 CIP 数据核字（2022）第 146349 号

出版发行 / 北京理工大学出版社有限责任公司	
社　　址 / 北京市海淀区中关村南大街 5 号	
邮　　编 / 100081	
电　　话 /（010）68914775（总编室）	
（010）82562903（教材售后服务热线）	
（010）68944723（其他图书服务热线）	
网　　址 / http://www.bitpress.com.cn	
经　　销 / 全国各地新华书店	
印　　刷 / 定州市新华印刷有限公司	
开　　本 / 889 毫米 × 1194 毫米　1/16	
印　　张 / 13.5	责任编辑 / 李慧智
字　　数 / 266 千字	文案编辑 / 杜　枝
版　　次 / 2022 年 8 月第 1 版　2022 年 8 月第 1 次印刷	责任校对 / 刘亚男
定　　价 / 49.00 元	责任印制 / 边心超

图书出现印装质量问题，请拨打售后服务热线，本社负责调换

随着社会的发展和时代的进步，电子商务作为一种新型网上贸易方式发展非常迅速，使企业与消费者摆脱了传统的商业束缚。网店运营作为电子商务专业中的一门主干专业课程，越来越受到重视。淘宝网是中国深受欢迎的网购零售平台，拥有近5亿用户，每日商品交易量数不胜数，多次掀起了购物狂潮。网店运营势头正猛，越来越多的企业开始关注网店运营，希望从运营角度发现问题与机会，为企业发展提供有力的市场决策依据。这就要求从事电子商务的人员必须具备良好的技术素质，不断学习有关网店运营、电子商务平台及视图设计工具的理论知识和操作技能。

本教材根据中等职业教育人才培养目标，针对电子商务专业对网店运营操作技能的要求，结合当今电子商务平台的发展情况，精选教学内容编写而成。其注重以就业为导向，以能力为本位，面向市场和社会，体现了职业教育的特色，满足了高素质、高技能电子商务专业实用人才培养的需要。

本教材注重实用性和实效性，将理论与实际相结合，以解决实际问题为目标，再结合教学和生产的实际需要，突出培养学生的实践能力，具有较强的针对性和可操作性。通过本课程的学习，学生可以掌握以淘宝网为依托的网店运营流程，增强运用软件进行图片和视频处理的能力；同时，还能提高学生的店铺开设、店铺设计与装修以及店铺推广能力。

本教材运用项目驱动模式编写，从职业教育学生的实际出发，图文并茂、浅显易懂。在内容的选择上，依托电子商务进农村的企业真实案例，以电子商务企业对人才知识和能力的要求为依据，讲解网店运营的具体流程，更多地反映新知识、新技术的内容，与职业资格标准相衔接。本教材还提供配套的教学资源，包括教学课件PPT、微课、习题等，以方便学生进行理论和实践课程的学习。其主要特色有：

（1）以项目任务为引领，落实立德树人为根本，彰显职业特色。

在教材的编写过程中，笔者始终把落实立德树人作为育人的根本任务，将职业道德和职业素养融入教学全过程，突出以职业素养为核心，将德育教育和思政教育融入课程体系，培养学生的网店运营操作技能，增强学生的职业认同感。

（2）采用活页任务工单，融入1+X证书考核要求，实现课证融通。

课程的编写以本地农产品经营网店为代表，实训任务采用活页式任务工单，参照1+X证书制度考核要求，借助具体的项目学习任务，将理论与实际相结合，促进书证融通、课证融通入教材，彰显了职业教育的特色。

（3）注重认知发展规律，以学习为主导。

本教材通过各项目任务之间的有效衔接，方便学生学习及实训教学的布置。让学生亲身感受网店运营操作过程，增强学习兴趣，提升学习信心。引入案例教学、项目教学，每个步骤都配备了相关图片和操作说明，这样学生能够根据教材的提示和说明自主学习教材内容，对知识重点和难点进行分解细化，以学生为主体，使学生从知识的被动接受者转变为主动的知识学习者。

（4）课程配套资源丰富，直观演示效果好。

本教材配备丰富的专业教学资源，将重要知识点或操作步骤增加了微课视频，以二维码的形式嵌入教材中相应位置，实现了边学边看；将较难理解的理论知识形象化、生动化，让学生可以更好地理解知识内容，简化了冗长的理论分析过程。另外，课后还配备了相关项目任务学习的习题测试，用来巩固所学知识。

本教材由日照市科技中等专业学校刘兆龙（编写项目1）、丁红丽（编写项目5）、邹雪（编写项目4）担任主编，日照市科技中等专业学校郝莉莉（提供全书案例）、曲永俊（编写项目3）、许真（编写项目6）、王礼鑫（编写项目2）以及山东外贸职业学院张鹏刚担任副主编。参加本教材编写的还有日照市科技中等专业学校潘光海、许传芳、严然、王春芬、厉娜、王兴国、孔凡钢、周东亮。活页任务工单由邹雪、丁红丽编写。

在本教材的编写过程中，编者参考了国内外大量资料和参考文献，在此，向相关作者致以最诚挚的谢意。由于编者水平有限，书中难免有不妥之处，恳请广大读者批评指正。还望各教学单位在积极选用和推广本教材的同时，及时提出修改意见和建议，以便再版时修订。

编者

2022.5.1

| 项目 1 | 电子商务认知 | 1 |

任务 1.1　电子商务概述 ··· 2

任务 1.2　电子商务安全 ··· 6

| 项目 2 | 店铺的开设 | 10 |

任务 2.1　申请店铺 ··· 11

任务 2.2　发布商品 ··· 22

任务 2.3　完善店铺 ··· 31

| 项目 3 | 视图设计 | 38 |

任务 3.1　图片的拍摄与处理 ·· 39

任务 3.2　视频的拍摄与处理 ·· 58

| 项目 4 | 店铺的设计与装修 | 73 |

任务 4.1　设计店铺首页 ·· 74

任务 4.2　设计商品详情页 ··· 82

任务 4.3　手机端店铺装修 ··· 93

项目 5　店铺推广 ... 97

任务 5.1　搜索引擎优化与排名 ... 98
任务 5.2　淘宝直通车 ... 104
任务 5.3　钻石展位 ... 115
任务 5.4　微信推广 ... 118
任务 5.5　店铺直播 ... 123

项目 6　店铺日常管理 ... 128

任务 6.1　商品管理 ... 129
任务 6.2　交易管理 ... 137
任务 6.3　账号管理 ... 143
任务 6.4　客服管理 ... 158

项目 1

电子商务认知

学习目标

知识目标

1. 了解电子商务的产生和发展过程；
2. 理解电子商务的概念、特点；
3. 掌握电子商务的功能；
4. 掌握电子商务的支付安全小知识。

能力目标

1. 能对电子商务构成要素进行分析；
2. 能简述电子商务的购买过程。

情感素养目标

培养学生热爱电子商务。

任务描述——电子商务，未来值得期待

电子商务有着"朝阳产业、绿色产业"之称，是科技发展和经济全球化的必然产物，正深刻地影响着传统经济格局和改变着人们的生活方式，创造出巨大的商机和社会效益。

1998年，中国出现了第一笔网上订单；2009年，阿里巴巴首届"双十一"，成交金额达5 000万元；2018年，仅1-9月，中国网上零售额总额已达62 785亿元；2019年1月1日，《中华人民共和国电子商务法》的实施标志着电子商务这个早已成为中国社会发展重要增长极的经济形态迎来了其发展历程中的里程碑时刻。中国电子商务市场虽然已经非常庞大，但接下来几年的增长势头依旧强劲。阿里巴巴所领导的电子商务革命全面开花结果，无数渴望成功的电子商务创业者追随阿里巴巴的脚步，创建了全新的商业模式。

不设门槛、自由竞争，这种包容的政策环境为电子商务蓬勃生长提供了肥沃的土壤；营商环境持续优化，简政放权，减税降费，催生新兴业态，带动转型升级，让中国的电子商务踏上发展的快车道。二十多年来，电子商务从无到有，从小到大，从弱到强；而未来，电子商务依然值得期待！

任务1.1　电子商务概述

理论指引

从传统的"民以食为天"到今天的"没空做饭"。上班族工作压力大、没时间做饭等现象让商家看到了商机，由此造就了蓬勃发展的外卖网站。大学生因为怕拥挤、寻求方便而选择放弃食堂，使用各种外卖软件订餐。像这种都是电子商务的具体应用，那么到底什么是电子商务呢？它有什么功能呢？它对我们的生活有什么影响呢？

一、走进电子商务

（一）电子商务的定义

电子商务（Electronic Commerce，EC）崛起于20世纪90年代，经过二十多年的快速发展，其经历了从电子商务技术、电子商务服务到电子商务经济的发展过程，走过了从具体的技术应用发展到相关产业的形成，通过创新与协同发展融入国民经济各个组成部分的发展历程。

电子商务究竟是什么呢？电子商务是指通过使用互联网等电子工具（这些工具包括电

报、电话、广播、电视、传真、计算机、网络、移动通信等）在全国范围内进行的商务贸易活动，是以计算机网络为基础所进行的各种商务活动，包括商品和服务的提供者、广告商、消费者、中间商等有关各方行为的总和。

（二）电子商务的功能

1. 广告宣传

电子商务可凭借企业的网页服务器和客户的浏览，在互联网上发布各类商业信息。客户可借助网上检索工具迅速找到所需的商品信息，而商家可利用主页和电子邮件在全球范围内做广告宣传。与以往的各类广告相比，网上广告的成本最为低廉，给客户的信息量却最为丰富。

2. 网上订购

网上订购通常都是在产品介绍的页面上提供十分友好的订购提示信息和订购交互格式框。当客户填完订购单后，系统通常会回复确认信息单来保证订购信息的收集，也可采用加密的方式使客户和商家的订购信息不会泄露。

3. 网上支付

电子商务成为一个完整的过程，网上支付是重要的环节。客户和商家之间可采用银行卡账号进行支付。客户在网上直接采用电子支付方式可省去交易过程中很多的人员开销。网上支付需要更为可靠的信息传输安全性控制，以防止欺骗、窃听、冒用等非法行为发生。

4. 物流服务

对于已付款的客户，商家应将其订购的货物尽快送到客户手中。由于其中有些货物在本地，有些货物在异地，电子邮件可以在网上进行物流调配。

5. 电子账户

网上支付必须有电子金融的支持，即银行或信用卡公司以及保险公司等金融单位要提供网上操作的服务，而电子账户的管理是其基本组成部分。

6. 意见征询

商家能十分方便地采用网页上的"选择""填空"等格式文件来收集客户对销售服务的反馈意见，这样可以使企业的市场运营能在网络中进行物流的调配。最适合在网上直接传递的货物是信息类产品，如软件、电子读物、信息服务等。网络能直接将货物从电子仓库中发到客户手中。

7. 交易管理

整个交易的管理将涉及人、财、物多个方面，企业和企业、企业和客户及企业内部等各方面的协调和管理。因此，交易管理是涉及电子商务活动全过程的管理。电子商务的发展将会为人们提供一个良好的交易管理的网络环境及多种多样的应用服务系统，这样才能保障电子商务获得更广泛的应用。

（三）电子商务构成要素

构成电子商务的四个要素分别是商城、消费者、产品和物流。

1. 商城

各大网络平台为消费者提供质优价廉的商品，吸引消费者购买的同时促使更多商家的入驻。

2. 消费者

与生产者和销售者不同，消费者必须是产品和服务的最终使用者而并非生产者、经营者。也就是说，消费者购买商品的目的是用于个人或者家庭需要而并非经营或销售，这是消费者最本质的一个特点。

3. 产品

产品是指能够提供给市场，被人们使用或消费，并能满足人们某种需求的东西，包括有形的物品，无形的服务、组织、观念或它们的组合。产品一般可分为四个层次，即核心产品、期望产品、附加产品和潜在产品。

4. 物流

根据物质资料实体流动的规律，应用管理的基本原理和科学方法，对物流活动进行计划、组织、指挥、协调、控制和监督，使各项物流活动实现最佳的协调和配合，降低物流成本，提高物流效率和经济效益。

二、电子商务的特征

电子商务作为现代经济活动中一种重要的手段，具有以下几点特征。

1. 普遍性

电子商务作为一种新型的交易方式，将生产企业、流通企业以及消费者和政府带入一个网络经济、数字化的新天地。

2. 方便性

在电子商务环境中，人们不再受地域的限制，能用非常简捷的方式完成过去较为繁杂的商务活动。例如，通过网络银行能够全天候存取款、查询信息等，还可以使企业对客户的服务质量大大提高。

3. 安全性

在电子商务中，安全性是一个至关重要的核心问题，它要求网络能提供一种端到端的安全解决方案。

4. 协调性

商务活动本身是一种协调的过程，它需要消费者与电子商务公司内部、生产商、批发商、零售商之间相互协调。在电子商务环境中，它更要求银行、配送中心、通信部门、技术服务等多个部门的通力协作，电子商务的全过程往往是一气呵成的。

三、电子商务发展历程

1. 电子商务的起源

电子商务最早产生于20世纪60年代，在20世纪90年代得到了发展。20世纪80年代，计算机和网络技术飞速发展，构建出了电子商务赖以存在的环境，并预示了未来商务活动的发展方向，在这之后，人们才提出了"电子商务"这个概念。

2. 电子商务的发展过程

1990—1993年：电子数据交换时代，成为中国电子商务的起步期。

1994—1997年：政府领导组织开展"三金工程"阶段，为电子商务发展期打下坚实基础。

1998—2000年：互联网电子商务发展阶段。

2001—2009年：电子商务逐渐以从传统产业B2B（企业对企业进行网上交易）为主体，标志着电子商务已经进入可持续性发展的稳定期。

2010—2014年：电子商务真正出现大发展与大跨越是在2010年之后，2010年被称为"真正的中国电子商务元年"，移动电子商务已经成为不言自明的大趋势。

2015年至今：移动电子商务、跨境进口电子商务和农村电子商务的发展十分迅速。

在"互联网+"政策的推动下，5G的网络覆盖的完善以及相关技术的不断研发，网络购物已成为重要的消费方式，极大地带动了就业发展，互联网支付改变传统支付习惯，渗透到消费者购物、出行、就餐、就医等应用场景，催生出直播、短视频、新零售、社区团购、小程序消费等多种电子商务新模式，构筑了电子商务发展的新趋势。

中国的电子商务发展到今天，从有到无，从弱小到强大，即将走向更加前景广阔的未来！

小结

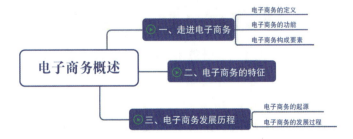

任务 1.2　电子商务安全

理论指引

电子商务的发展给人们的工作和生活带来了新的尝试和便利性，但并没有像人们想象中那样普及和深入，其中一个很重要的原因就是电子商务的安全性，它成为阻碍电子商务发展的瓶颈。所以，研究和分析电子商务的安全性问题，开发和研究具有独立知识产权的电子商务安全产品，成为目前电子商务发展的关键点。

一、电子商务安全概念

电子商务安全是指采用一定的方法和措施，对电子商务系统进行有效的管理和控制，确保电子商务信息数据和交易环境得到有效的保护，电子商务安全从整体上可分为两大部分：计算机网络安全和电子商务交易安全。

（一）计算机网络安全

计算机网络安全的内容包括计算机网络设备安全、计算机网络系统安全、数据库安全等。其特征是针对计算机网络本身可能存在的安全问题，实施网络安全增强方案，以保证计算机网络自身的安全性为最终目标。

1. 计算机网络安全问题

计算机网络安全问题可分为中断、介入、篡改和假造四类，如图 1-1 所示。

图 1-1　计算机网络安全问题

2. 计算机网络安全措施

网络安全是为保护电子商务各方网络端系统之间通信过程的安全性。其中，保证机密性、完整性、认证性和访问控制性是网络安全的重要因素。保护网络安全的主要措施如下：

（1）保护应用服务安全主要是针对特定应用（如 Web 服务器、网络支付专用软件系统）所建立的安全防护措施，它独立于网络中的其他安全防护措施。

（2）保护系统安全是指从整体电子商务系统或网络支付系统的角度进行安全防护，它与网络系统硬件平台、操作系统、各种应用软件等互相关联。

（二）电子商务交易安全

电子商务交易安全与传统商务在互联网上应用时产生的各种安全问题息息相关，在计算机网络安全的基础上解决保障电子商务过程顺利进行的问题，即实现电子商务的保密性、完整性、可鉴别性、不可伪造性和不可抵赖性。

1. 电子商务交易安全威胁

电子商务交易带来的安全威胁包括销售者面临的威胁、消费者面临的威胁和银行专用网络面临的威胁，如图 1-2 所示。

图 1-2　电子商务交易安全威胁

2. 电子商务的安全管理

（1）电子商务的安全要求。

电子商务的安全要求包括有效性、机密性、完整性、认证性和不可抵赖性，如图 1-3 所示。

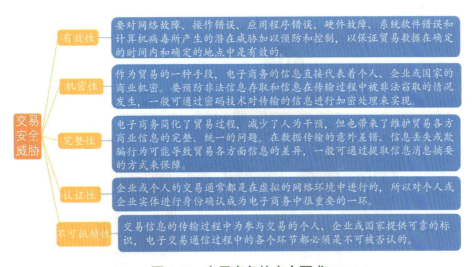

图 1-3　电子商务的安全要求

（2）电子商务的安全管理方法。

目前，电子商务中比较成熟的技术安全措施有以下几种：

①加密技术。为了实现信息的私密性，必须采用信息加密技术。信息加密技术是一种主动的信息安全防范措施，其原理是利用一定的加密算法，将明文转换成看似无意义的密文，从而确保信息数据的保密性。

②安全认证技术。电子签名是指在一个数据信息中或附在其后或逻辑上与其有联系的电子形式的签名。电子签名一方面解决了对用户的认证问题；另一方面解决了用户对商家的认证问题，建立了完善的双向认证机制。

③电子商务中的第三方支付技术。第三方支付平台有两种代表，一种是以首信为代表的网关型支付平台，另一种是以支付宝为代表的信用担保型第三方支付平台。

④病毒防范技术。计算机病毒轻则影响计算机的运行速度，重则盗取用户信息，"替"用户交易，给用户造成巨大的损失，因此，病毒防范技术是必不可少的。

⑤防火墙技术。防火墙是建立在通信技术和信息安全技术之上，由软件或软件和硬件设备组合而成的保护屏障，在网络之间建立起一个安全屏障，对各种攻击提供有效地防范，只有被允许的通信才能通过防火墙。

二、《电子商务法》

（一）法律定义

《电子商务法》（图1-4）是指调整平等主体之间通过电子行为设立、变更和消灭财产关系与人身关系的法律规范的总称；是政府调整、企业和个人以数据电文为交易手段，通过信息网络所产生的，因交易形式所引起的各种商事交易关系，以及与这种商事交易关系密切相关的社会关系、政府管理关系的法律规范的总称。

图1-4 《电子商务法》

（二）立法进程

2013年12月27日，全国人大常委会正式启动了《中华人民共和国电子商务法》（以下简称《电子商务法》）的立法进程。2018年8月31日，第十三届全国人大常委会第五次会议表决通过《电子商务法》，自2019年1月1日起施行。

2018年8月31日，全国人大常委会表决通过《电子商务法》，其中明确规定：对关系消费者生命健康的商品或者服务，电子商务平台经营者对平台内经营者的资质资格未尽到审核义务，或者对消费者未尽到安全保障义务，造成消费者损害的，依法承担相应的责任。电子商务平台经营者对平台内经营者侵害消费者合法权益行为未采取必要措施，或者对平台内经营者未尽到资质资格审核义务，或者对消费者未尽到安全保障义务的，由市场监督管理部门责令限期改正，可以处五万元以上五十万元以下的罚款；情节严重的，责令停业整顿，并处五十万元以上二百万元以下的罚款。

作为电子商务领域的首部正式法律，《电子商务法》的落地实施对行业的长期良性发展起到了积极的作用。该法坚持发展与规范、政府与市场、监管与自律相结合，在法律规范的前提下，充分激发市场活力和创造力，并从推动通关效率提升、规范电子商务经营者登记、推进网络诚信体系建设几个方面来规范和推动电子商务市场的发展，大量不合规从业者将会陆续退出，有利于行业内优质公司的集中度提升。

小结

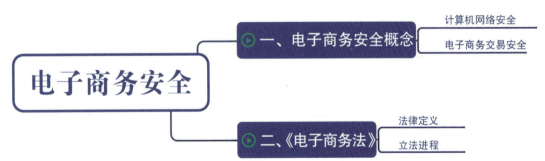

项目2

店铺的开设

 学习目标

知识目标
1. 理解网店开设基本流程；
2. 掌握发布商品的基本设置内容。

能力目标
能够按照流程完成店铺开设。

情感素养目标
培养学生养成严谨、细致的学习和工作态度。

项目 2　店铺的开设

 任务描述——小农户变"新农商"

随着脱贫攻坚战的全面收官，2021 年的"两会"上，三农领域中的重心也从"脱贫攻坚"转为"乡村振兴"。在"脱贫攻坚"的过程中，科技下乡、电子商务进村对贫困地区的商品销售、农民增收带来了很多助力，建立一个高标准、品牌化的农产品，是农民能够利用电子商务这种形式获得更大收益的基本前提，并可以借此来保证持久的生命力。

在日照市五莲县，电子商务的发展更是风起云涌、呈现出遍地开花之势。2015 年，旨在培养本土企业、立足本地实际、助推本地产业发展的"五莲县电商人才孵化基地"挂牌成立。

在金秋这样美好的丰收时节，在五莲县某村的山坳里，一棵棵栗子树上，成熟的栗子挂满枝头，而栗子树下是一派繁忙的丰收景象。五莲县板栗品种优良，营养丰富，香甜可口。依靠独特的自然禀赋，加上电子商务人才孵化基地的帮助，村民们精耕细作，在栗子上大做文章，纷纷自己开网店，从小农户变身为"新农商"，走出了一条致富路。让我们一起来看一看农商们的"板栗小店"是如何开设的吧！

任务 2.1　申请店铺

理论指引

在互联网大发展的背景下，电子商务作为一种新型的商务模式应运而生，网上开店也成为一种新型的销售方式。网店开店成本较低，开设程序简单，经营方式灵活，技术操作简单，地域限制较小，而利润空间较大。淘宝网是很多人选择的网上开店的平台，它让很多人实现了就业和创业梦。在开设淘宝店铺前，我们需要对淘宝网有一定程度的了解。

一、注册淘宝账号

开设淘宝店铺的第一步是成为淘宝会员。淘宝会员的申请和注册比较简单，大家根据其申请提示进行操作就可以完成。

第一步：打开浏览器，在地址栏中输入"https://www.taobao.com/"，即可打开淘宝首页。单击首页左上角的"免费注册"按钮，或者单击页面右下方的"注册"按钮进行注册操作，

11

如图 2-1 所示。

图 2-1　用户注册页面

第二步：同意协议。打开账户注册页面，在弹出的"注册协议"对话框中单击"同意协议"按钮，如图 2-2 所示。

图 2-2　同意协议

第三步：设置用户名。（1）输入手机号。在"手机号"文本框中输入申请人的手机号，并用鼠标拖住"验证条"向右侧滑动通过验证，然后单击"下一步"按钮。（2）填写验证码。在弹出的"验证手机"对话框的"验证码"文本框中填写刚才注册所用手机号收到的验证码，再单击"确定"按钮，如图 2-3 所示。

项目 2　店铺的开设

图 2-3　用户名设置页面

第四步：填写账号信息。设置登录密码和会员名。登录密码的保护强度设置要合适，一般要设置为数字、字母等都包含的综合密码。会员名也就是登录名，设置前应考虑周全，一旦设置，以后不能修改。设置完成后，单击"提交"按钮，如图 2-4 所示。

图 2-4　完成设置提交

第五步：设置支付方式。填写"银行卡卡号""持卡人姓名"，选择"证件"类型并填写相应的证件号码。填写预留手机号，点击"获取校验码"，填写收到的"校验码"。设置"支付密码"，再次确认支付密码（注意支付密码为六位数，并且不能使用连续或相同的数字），为了保障安全，建议不要使用银行卡密码、生日数字等。最后单击"确定"按钮，如图 2-5 所示。

图 2-5　支付方式设置

第六步：注册成功。操作完成后，页面会出现注册成功提示，这时表示淘宝账户的注册操作已经完成，如图 2-6 所示。

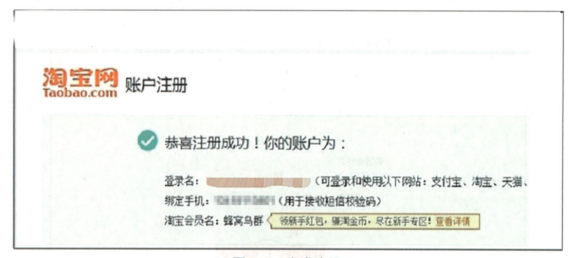

图 2-6　完成注册

二、实名认证支付宝

淘宝网交易的支付需要通过支付宝来完成，开设淘宝店铺需要对相应的支付宝账户进行实名认证。

第一步：进入支付宝首页。打开浏览器，在地址栏中输入"https://www.alipay.com/"，打开支付宝官网后，填写支付宝账号，登录支付宝，如图 2-7 所示。

项目 2　店铺的开设

图 2-7　打开支付宝

第二步：阅读协议。阅读《支付宝及客户端服务协议》《支付宝隐私权政策》《淘宝服务协议》等相关政策协议，单击"同意"按钮，进入注册界面。

第三步：创建账户。选择注册账户类型（个人账户和企业账户），请根据需要注册相应账户类型。个人账户可选择手机号注册和邮箱注册两种方式。注册企业账户前需要准备的材料有：①需要认证的企业主体证照；②法定代表人有效身份证件；③法定代表人本人支付宝账号；④未注册过支付宝/淘宝的邮箱；⑤核准号或基本存款账户编号，如图 2-8 和图 2-9 所示。

图 2-8　支付宝个人账号注册页面

15

图 2-9　支付宝企业账号注册页面

第四步：设置身份信息，设置登录密码。与注册淘宝的密码相同；设置支付密码。注意不能与淘宝或支付宝登录密码相同；设置身份信息。认真填写，注册后将不能修改。依次填写"真实姓名""性别""身份证号码""有效期""职业""常用地址"等，单击"确定"按钮，如图 2-10 所示。

图 2-10　身份信息填写

第五步：设置支付方式。依次输入"银行卡号""持卡人姓名"，然后选择合适的证件类型并输入相应的证件号码，填写"手机号码"后，单击"获取校验码"按钮，填写收到的"校验码"。最后单击"同意协议并确定"按钮，如图2-11所示。

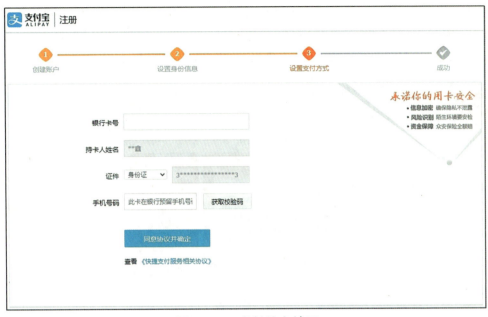

图2-11 支付信息填写

第六步：注册成功。操作完成后，页面跳转至注册成功提示信息页面，如图2-12所示。

图2-12 注册完成

第七步：补全信息。单击"立即补全信息"超链接，根据提示补全相关的信息，完成支付宝操作，完成后的页面如图2-13所示。

图2-13 完善信息

三、淘宝开店认证

在完成注册淘宝账号和支付宝实名认证后，可以开始进行淘宝开店认证了。

第一步：进入卖家中心。来到淘宝官网，登录淘宝账号，单击右上方的"免费开店"按钮，如图2-14所示。

图2-14 进入卖家中心

第二步：创建个人店铺。

（1）选择开店类型。单击"个人店铺入驻"按钮，如图2-15所示。

图2-15 创建店铺页面

（2）填写"免费开店"。进入"个人商家入驻"页面，在"免费开店"对话框"短信入驻"中填写手机号，单击"请输入验证码"文本框后面的"获取验证码"按钮，在手机短信中查看验证码,并在60秒内将其输入,单击"0元免费开店"按钮,如图2-16所示。

图2-16　登录入驻

(3)填写"免费开店"页面信息。

①填写店铺名称。店铺名称实行平台唯一性,如果出现店铺名称重复会提示"您所输入的店铺名称已经存在,请重新输入!"红色字样,则需修改店铺名称,直至显示"店铺名称可用",如图2-17所示。

图2-17　免费开店页面

②进行支付宝实名认证。单击"支付宝实名认证"后的"去绑定"按钮，跳转到"支付宝绑定设置"页面。在"请输入你要绑定的支付宝账户"下方的两个输入框中输入支付宝账号和支付宝登录密码，最后单击"绑定支付宝账户"按钮，完成绑定，如图 2-18 所示。

图 2-18　绑定支付宝账户

③进行淘宝实名认证。使用手机淘宝 App 或千牛 App 扫扫页面上显示出的二维码，进入人脸识别认证界面，在手机上单击"点击验证"按钮，按照提示完成人脸识别动作要求，如图 2-19 所示。

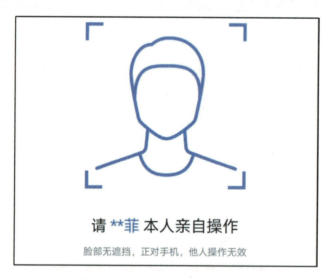

图 2-19　人脸识别认证

④填写"淘宝商家创业档案"，提交档案，完成开店，如图 2-20 和图 2-21 所示。

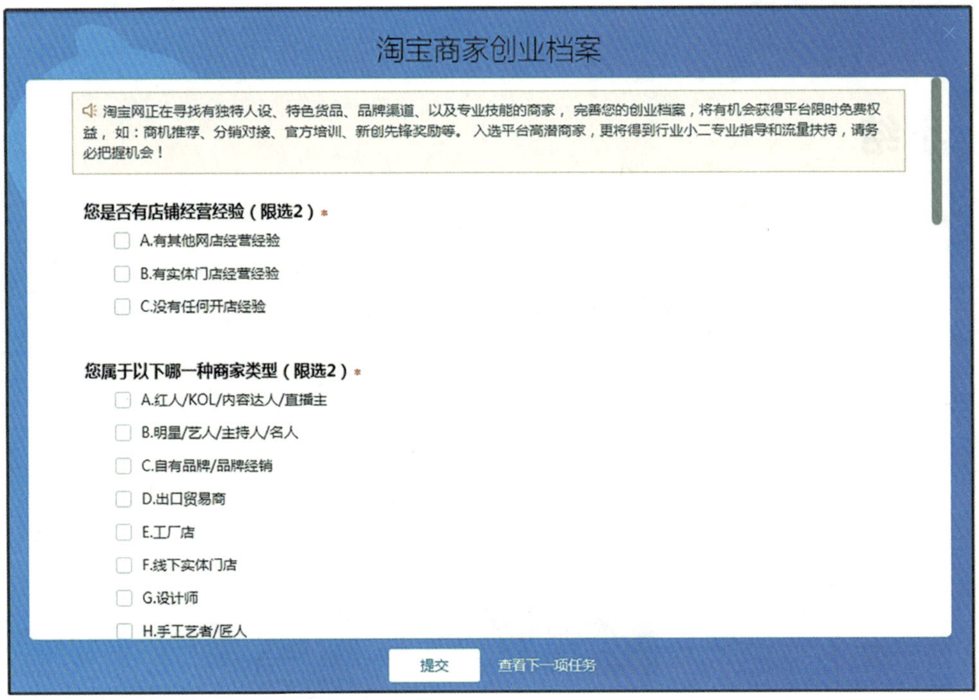

项目 2　店铺的开设

图 2-20　淘宝商家创业档案

图 2-21　完成开店

小结

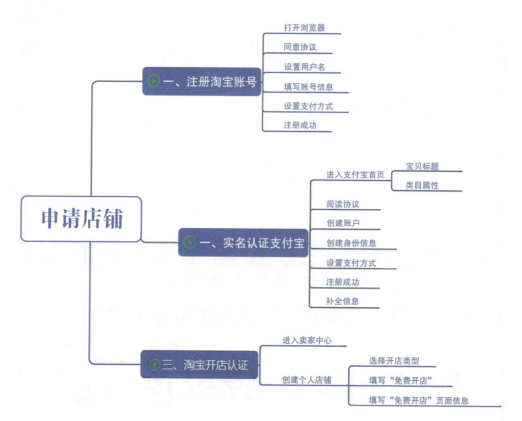

任务 2.2　发布商品

理论指引

商品发布是新手开店必做的工作，要有固定的时间安排，切不可随心所欲地上、下架产品。关于怎样发布商品才能快速出单，大家还需要详细了解商品的发布技巧、发布流程和注意事项。

一、确定商品类目

第一步：进入千牛卖家中心。使用账号登录到淘宝，单击页面顶部右侧的"千牛卖家中心"按钮，进入千牛卖家工作台页面，如图 2-22 所示。

项目 2　店铺的开设

图 2-22　千牛卖家中心

第二步：发布宝贝。在页面左侧找到"宝贝管理"选项，单击其后边的"〉"号，在弹出的菜单中单击"发布宝贝"按钮，如图 2-23 所示。

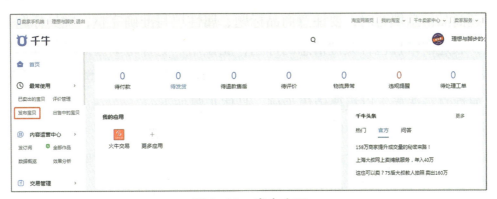

图 2-23　发布宝贝

第三步：类目选择。在搜索框中输入产品名称并单击"搜索"按钮，如图 2-24 所示。下面以板栗为例，逐级确定宝贝发布类目。

图 2-24　类目选择

23

在发布商品前,应当仔细阅读《禁止与限制发布物品规则》并予以遵守。一旦发现任何违反本规则的物品信息,淘宝网有权立即予以删除,并保留给予相关用户警告、冻结直至终止其账户的权力。

二、填写商品基础信息

商品基础信息是发布商品过程中的重要环节,主要涉及基础信息、销售信息、图文描述、食品安全、支付信息、物流与售后信息等模块,详细填写产品相关信息是做好商品发布工作的前提。

1. 基础信息

(1)宝贝标题。

宝贝标题商品信息填写时,要注意商品标题、属性填写准确完整,宝贝标题是信息内容的核心浓缩,表述清晰且包含关键信息的标题,能让用户更容易掌握商品的具体情况,所以标题要精心设计,但标题最多允许有60个字符,即30个汉字。宝贝类型为全新或二手两种,可根据商品属性自行选择。以板栗销售为例,具体步骤如下:

第一步:在打开的网页中选择"宝贝类型—全新"。

第二步:在"宝贝标题"文本框中输入"新鲜水果板栗5斤[①]生栗子应当季生栗毛栗甘栗个大蔬菜一整箱10包包邮",如图2-25所示。

图2-25 宝贝标题内容

(2)类目属性。

宝贝类目是商品重要属性,发布宝贝第一步就要选择商品的类目,最左侧的是一级类目,从左往右分别是二级类目、三级类目等,最右侧的类目也叫末级类目或叶子类目。

---

① 1斤=500克。

类目属性可通过项目下拉菜单进行选择，带 * 的信息为必填项，若不填写将导致商品发布失败。不带 * 的为选填项，可填可不填，这些信息会在详情页上方显示，建议将商品相关信息都填上，如图 2-26 所示。

图 2-26　类目属性内容

在选择宝贝属性和类目时，要对平台的各个行业、各层类目和属性有所了解，知道自己所售商品物理属性应该放在哪个大类目下，可通过关键词查看此商品的展示类目和属性作为参考，避免类目和属性错选，填写时一定要保证属性和类目的准确性。

2. 销售信息

第一步：从果重上，如实填写所售板栗净含量（5kg 或 3kg），根据单果规格大小，选中果或大果。

第二步：在"一口价"文本框中输入不同净含量对应的价格，如图 2-27 所示。

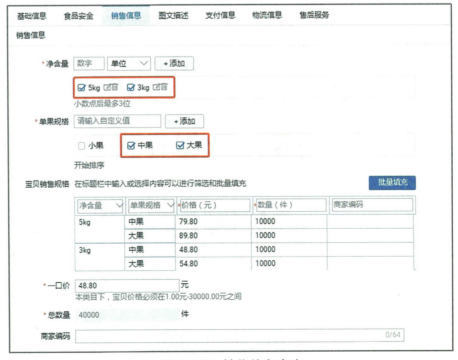

图 2-27　销售信息内容

3. 图文描述

图文描述即通过一张主图和四张副图从不同侧面来展示产品信息，用于吸引消费者，如图 2-28 所示。主图完整展示商品信息并附商品 Logo。商家可通过在主图上添加领券、红包、立减、限时活动等方式博取消费者的眼球，激发购买欲望。另外，商家也可采用短视频形式代替主图使用。

图 2-28　图文描述

详情即除主、副图以外的所有与商品相关的图片、文字、视频介绍，如图 2-29、图 2-30、图 2-31 所示。具体设计方法在项目 3 中详细介绍。

图 2-29　添加详情图片

项目 2　店铺的开设

图 2-30　电脑端详情

图 2-31　手机端详情

最后，将在平台上传编辑好的图片，完成商品发布操作。

4. 食品安全

目前我们主要针对个人申请网店的流程进行阐述，板栗作为初级农产品，在发布商品时，不填写也可发布。但如果是企业申请网店发布商品，则需要在此模块中填写包括配料表、证书编号、合格证等在内的食品安全内容，如图 2-32 所示。

图 2-32　食品安全内容

5. 支付信息

将支付信息（图2-33）页面中的付款方式选择为"一口价"，就是卖家定出价钱，买家觉得合适就买，不合适就不买，没有谈价的余地。

图2-33　支付信息

6. 物流与售后信息

对于初次使用者则需要新建运费模板，后续可根据经营需要选择已有模板或者新建运费模板。

（1）新建运费模板：勾选"使用物流配送"选项，对运费模板进行编辑或者自己新建运费模板。运费模板就是为一批商品设置同一个运费。当商家需要修改运费时，这些使用相同模板商品的运费将一起被修改。单击图2-34所示的"新建运费模板"按钮，创建新的运费模板。

图2-34　新建运费模板

（2）添加运费模板：填写模板名称、宝贝地址、发货时间、是否包邮、计价方式、运送方式等，这些内容都必须填写，不能为空，如图2-35所示。运费模板内容设置如图2-36所示。

图2-35　添加运费模板

项目 2　店铺的开设

图 2-36　运费模板内容设置

（3）在物流信息设置框中单击"运费模板"下拉按钮，在下拉菜单中选择并单击"刷新数据模板"按钮可以看到刚刚设置的物流数据，如图 2-37 所示。刷新并选择运费模板如图 2-38 所示。

图 2-37　刷新数据模板

图 2-38　刷新并选择运费模板

（4）完善售后服务信息，进行售后服务设置，宝贝上架时间可根据店铺实际情况选择，如图2-39所示。

图2-39 售后服务设置

（5）商品发布完成后，为了检测商品发布中是否包含极限词、违规词、敏感词等违规内容，我们可通过商品管理—体检中心进行检测。如果提示出现违规内容，可以返回发布界面修改，如图2-40和图2-41所示。

图2-40 体检查找路径

图2-41 体检中心页面

项目 2　店铺的开设

小结

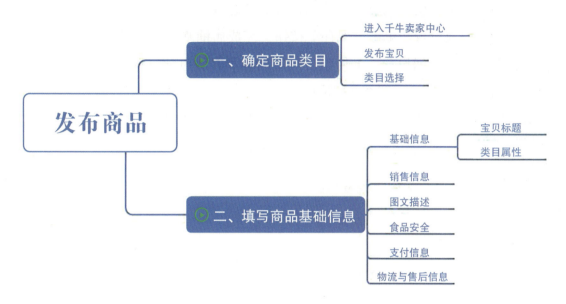

任务 2.3　完善店铺

理论指引

通过前面申请店铺和发布商品两个任务的学习，我们网店的整体框架已经初步形成。为了能够更好地加强对网店的日常管理和运营，我们需要对所建立的店铺进一步完善相关信息，保证产品能够实现在淘宝平台的正常交易活动。

一、填写店铺基本信息

第一步：填写店铺名称。进入淘宝官网，登录淘宝账号，进入"千牛卖家中心"页面。单击左侧"店铺管理"栏中的"店铺基本设置"按钮，打开"店铺基本设置"页面，在"店铺名称"文本框中输入店铺名称。

第二步：上传店铺标志。单击"上传图标"按钮，上传选好的店铺图标。

第三步：填写店铺简介。在"店铺简介"文本框中输入相关店铺信息。

第四步：填写地址信息。在"经营地址"中选择和输入相应的地址信息。

第五步：填写货物来源。在"主要货源"栏目中，设置店铺的货物来源。

第六步：店铺介绍。在"店铺介绍"文本框中输入店铺需要呈现的信息，如店铺规模、进货渠道、产品特点、售后服务等。

第七步：同意规则协议。选中下方的选择框，同意淘宝网的平台规则协议信息。

第八步：保存完成设置。单击"保存"按钮，完成店铺基本信息设置。

第九步：手机淘宝店铺设置。上传手机淘宝店标和客服电话，单击"保存"按钮，完成店铺的基本设置，如图2-42、图2-43所示。

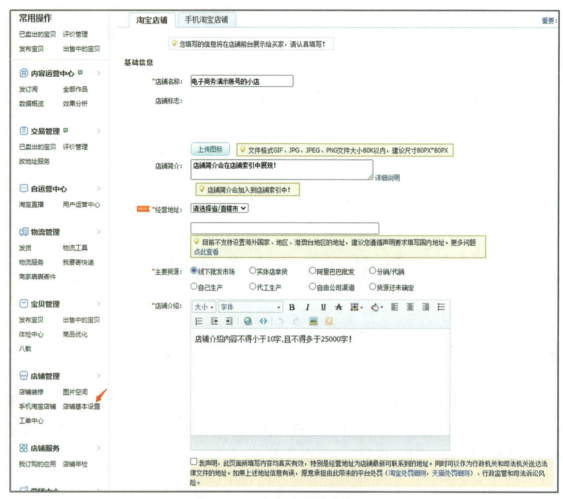

图2-42　淘宝店铺基本信息

项目 2　店铺的开设

图 2-43　手机淘宝店铺页面

二、交易管理

商家在淘宝网上开店的最终目的是卖出商品。而交易管理界面是商品交易最直观的展示区，在这里，商家可以看到每天的订单量、产生的退换货、潜在目标客户群（未付款买家）以及客户收到产品的反馈。

在"卖家中心"页面中单击左侧的"交易管理"栏中的"已卖出的宝贝"按钮，即可看到当前店铺中所有订单的情况。

1. 价格修改

对于"等待买家付款"栏下面的所有商品，商家可以通过直接降价、打折优惠、运费修改等方式调整产品的现有价格。

2. 物流查询

对于"已发货"栏目下的所有商品，商家可以通过单击其右侧的"查看物流"的超链接形式，方便商家随时查看相应订单的物流动态信息。

3. 退款流程

对于"退款中"栏目下的所有商品，通过买家向卖家提出退款申请这一操作，在双方协商一致的情况下就可以退款了。

4. 给买家的评价

对于"需要评价"栏目下的所有买家信息，选择需要评价的宝贝，单击"评价"按钮，实现对买家的评价。同时，商家还可以单击页面左侧"交易管理"栏目下选择"评价管理"栏目，就可以看到不同买家对宝贝的评价内容，如图 2-44 所示。

图 2-44　评价宝贝

三、物流管理

1. 发货

（1）等待发货的订单。等待发货的订单是指所有成交的交易买家付款之后，需要卖家发货的物流订单。通过输入订单编号、买家昵称等信息查询订单信息以及显示所有未发货订单、被取消的订单，以此来及时处理未发货订单信息。

（2）发货中的订单。卖家选择通过在线下下单的方式将订单发送给淘宝推荐的物流公司，商家发货之后填写快递单信息，确认好后交易状态就变为"卖家已发货"。

（3）已发货的订单。已发货的订单是指所有交易状态为"卖家已发货"的订单。买家输入商品关键字就可以查询订单状态，如图 2-45 所示。

图 2-45　物流管理下的发货信息查询

2. 物流工具

（1）服务商设置：根据不同物流公司的优缺点而进行比较，选择一个好的物流服务商有利于淘宝店铺的发展，如图 2-46 所示。

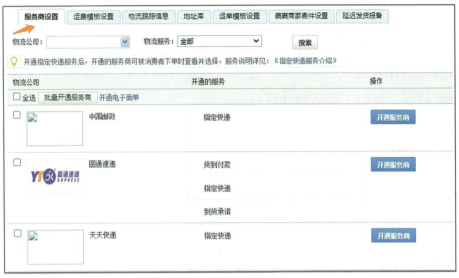

图 2-46　服务商设置内容

（2）运费、时效查看器：可以查询快递运费时效的大概范围和期限，不用担心物流公司胡乱报价。

（3）物流跟踪信息：方便买卖家及时查询物流跟踪信息，以便及时收件。卖家发货后在对应的物流公司输入已发货的运单号，系统就自动显示物流信息了，如图 2-47 所示。

图 2-47　物流跟踪信息查询

3. 物流服务

按照商品需要和卖家需要，选择订购物流服务，如图 2-48 所示。

图 2-48　物流服务选择

4. 物流数据

卖家可以通过指标的趋势及线路分析了解店铺的物流服务质量，以便及时、实时地了解与店铺相关的物流运作环境状态。另外，还可以通过分析卖家的发货速度、送货速度、物流投诉率、物流退货率，及时了解店铺物流数据。

四、宝贝管理

为了提供更好的买家购物体验，卖家需要对所有商品进行相应的管理，在卖家中心页面可以对出售中的和仓库中的宝贝的其他状态进行管理。

（1）查找商品。

当店铺中产品的类目比较多时，我们可以通过精准查找的方式，定位产品。单击左侧"出售中的宝贝"按钮，在"宝贝名称""商品编码""宝贝类目"分栏中输入一个或几个不同的关键词进行查找。

（2）编辑和推荐宝贝。

单击页面最右侧的"编辑"按钮，商家可以根据仓库中商品的实际库存修改现有商品数量。同时，如果商品的价格需要调整时，我们单击打开"编辑价格"对话框对商品的价格进行调整。单击页面最左侧的"已推荐"对话框，可以对商品进行橱窗推荐，如图2-49所示。

（3）下架/删除宝贝。

当商品库存为零或者因为某种原因停止销售该类商品的时候，可以单击下方的"下架"或"删除"按钮，该产品就不会在店铺中显示了。

图2-49　宝贝信息

五、数据中心——生意参谋

生意参谋是淘宝店铺中专业的分析商品的工具，可以分析淘宝用户的行为以及店铺的动态数据。不过使用生意参谋，是要付费的，所以商家若是介意，请慎用。另外，商家还可以通过生意参谋工具来诊断自己的店铺,然后根据结果制定出优化方案,让自己的店铺运营得更顺畅。

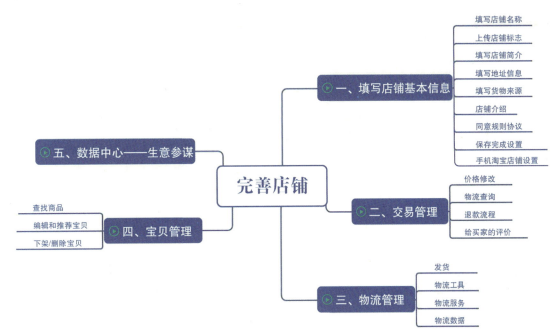

项目3

视图设计

学习目标

知识目标

1. 理解商品拍摄器材及拍摄技巧;
2. 掌握 Photoshop 图片处理软件和视频处理软件的使用。

能力目标

能够独立完成商品拍摄和图片、视频后期处理。

情感素养目标

培养学生利用拍摄器材和图片以及视频处理软件的能力,提升他们动手操作的能力。

项目3 视图设计

任务描述——让"我"的眼里只有你

电子商务需要做好三件事：让客户找到我，让客户喜欢我，让客户爱上我。对应的分别是，引流：怎样把更多的客户吸引进来；视觉：如何一眼就让客户看上我；店铺日常维护管理：促进客户下单，让人不舍得走。

在创业初期，很多"新农商"发现，将农产品放到网上容易，实际操作起来却困难重重。人人都说现在是个眼球经济的时代，商家们无时无刻不在争抢观众的目光，以及每一位消费者的碎片化时间。好产品放到网上要想卖上好价钱，除了质量要过关之外，还要通过图片和视频，全方位展示农产品的美，让店铺中的产品第一时间迅速锁定消费者的目光。

近日，由五莲团县委、五莲县商务局、日照市科技中等专业学校联合举办的2021年五莲县创业青年电子商务培训班在县电子商务公共服务中心开班。在培训班上，授课老师对摄影构图和表现形式进行了详细讲解。这次培训解决了新农商创业路上的实际困难，让学员们收获满满、十分开心。

任务 3.1 图片的拍摄与处理

理论指引

"工欲善其事，必先利其器"，要拍出好的商品图片，首先必须熟悉拍摄器材。作为网店经营者，需要了解不同拍摄器材的价格、档次，根据需要，添置摄影器材。其次，还需要了解淘宝网店商品的拍摄方法和技巧，即"对症施法"。最后，用 Photoshop 软件处理并美化商品图片，取得"真经"，修成"正果"。

一、了解淘宝商品的构图方法和拍摄角度

了解产品拍摄的几种常见构图方法和拍摄角度。商品的构图方法讲究"法无定法"，这是对产品构图的最高境界。因此，掌握淘宝产品的构图和拍摄角度对整个淘宝店铺的视图设计至关重要。

1. 构图形式

（1）对称式构图法（图3-1）。

这种结构整体给人满足、平和的感觉，整个画面对称而不失平衡。具体做法是把产品放在正方形的中间，左右平衡，这是最常见的构图方法。

图 3-1　对称式构图法

（2）对角线构图法（图 3-2）。

对角线构图法就是在画面的两个对角连成一条引导线，将画面沿着引导线进行分布。当然这里的引导线也可以是直线、曲线，甚至是折线等，只要是遵循整体画面的延伸方向往两个对角延伸的，都可称为对角线构图法。

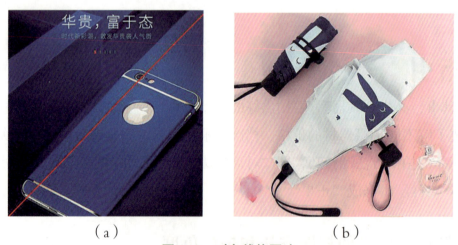

（a）　　　　　　　　　　　　　（b）

图 3-2　对角线构图法

（a）构图（一）；（b）构图（二）

对角线构图法以它独特的画面效果广泛应用于各个类目商品的主图和海报中，通过这一方法可以将图片与一众平衡构图的图片区分开来，倾斜的角度让人第一眼就想注意到它。这也是它最大的优势之一。还有就是通过对角线放置产生的延伸感，使画面看起来表现的面积更大、更具有张力。

（3）九宫格构图法（图3-3）。

九宫格构图法又名黄金分割构图法，它是构图法中最常见、最基本的方法之一。它是通过分格的形式，把画面的上、下、左、右四个边平均分配成三等分，然后用直线把对应的点连接起来，使画面当中形成一个井字。整体画面被分成九个格子。一般认为，右上方的交叉点为最理想的位置，其次是右下方交叉点。这种构图方式比较符合人们的视觉习惯，使主题商品成为整个画面的中心，便于突出主图，使画面趋于均衡。

图3-3 九宫格构图法

（4）三角形构图法（图3-4）。

三角形构图法的优点在于可以形成一个稳定的整体区域。这样拍照或者制作图片的时候，画面整体不会太散乱，能很好地表现出视觉中心位置，让人一眼就能看出作品突出的主题，适合拍摄不需要真人模特的商品图片和设计稳重大气的海报等。

图3-4 三角形构图法

（5）紧凑式构图法（图3-5）。

紧凑式构图法也是摄影中最常用的构图方法，紧凑式构图法的特点是将被摄主体以特写的形式加以放大，使被摄主体以局部放大的形式布满画面，紧凑式构图的画面具有饱满、紧凑、细腻等特征，可以突出商品特点。这种方法更适合拍摄属于食品和饰品类目的商品。

图 3-5　紧凑式构图法

（6）垂直构图法（图 3-6）。

垂直构图法通常用来拍摄直立的物体。垂直的视觉效果和竖直的线条会体现出商品的高度，有秩序地排列和组合，会给人一种秩序感和稳定感。垂直构图法源于左右方向力的均衡状态，因此垂直构图可用来展现挺拔的视觉感，是展现力的美感的构图。在淘宝拍摄中应用最多的是商品主图中的商品排列展示。同时，对被摄商品的形状有一定的要求，通常用来拍摄如口红、钢笔、护肤品、容器等有细长外观的商品。

图 3-6　垂直构图法

2. 拍摄角度

淘宝商品的拍摄角度至关重要。如何才能把商品真实、清晰地呈现在买家面前，是卖家必须了解的一项重要信息。

对于同一个商品，从不同的拍摄角度拍摄商品可以展示商品的不同特性。常见的拍摄角度有平视拍摄、俯视拍摄和仰角拍摄。拍摄角度不同呈现的效果也不同。

(1)平视拍摄。

这种拍摄方式比较常见,使用也比较多。接近人们观察事物的习惯,可以保持商品正常形态,不会使被拍摄对象因为透视变形而遭到损害。

(2)俯视拍摄。

对于平面产品和对于立体感要求不高的商品,我们可以选择俯视拍摄产品细节。

(3)仰角拍摄。

这种拍摄方法使拍摄时镜头低于拍摄品,可以给产品制造一种透视效果,对于一些罐装商品,采用仰角拍摄可以给人带来一种特殊效果,吸引消费者的眼球,刺激他们的购买欲望。

二、商品摄影器材的选择

1. 单反相机介绍

单镜头反光式取景照相机(Single Lens Reflex Camera,SLR Camera),又称为单反相机。它是指用单镜头且光线通过此镜头照射到反光镜上,通过反光取景的相机,如图3-7所示。

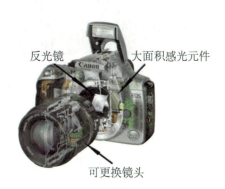

图3-7 单反相机结构

单反相机是由单反机身(图3-8)和单反镜头(图3-9)组成的,单反机身是调节单反相机参数的载体,也是处理图像的载体;而单反镜头可使景物呈倒像聚焦在光感元件上。

图3-8 单反机身　　　　图3-9 单反镜头

其实对于淘宝商品的拍摄来说,不管使用什么机型,只要具备4项功能,就能满足你的淘宝商品拍摄需求了。

（1）M挡。

单反相机中有很多挡位（图3-10），M挡即拍摄模式中的纯手动挡。使用M挡时，所有的拍摄参数都需要拍摄者自行调节（如光圈、快门、感光度、自定义及白平衡），以获得自己需要的效果。

另外，专业的商品拍摄需要配合闪光灯，而应用影棚闪光灯的时候，M挡也是一个必备的功能，否则闪光灯无法和相机同步，没法使用。

图3-10　相机挡位

（2）机顶热靴。

机顶热靴（图3-11）即相机顶部的金属方槽，它既可以外放置闪光灯，还可以用来放置影棚闪光灯必要的引闪器，所以拍摄商品的相机一定要有机顶热靴，才能够配合闪光灯来拍摄商品。

图3-11　机顶热靴

（3）设置白平衡。

白平衡，字面上的理解是白色的平衡，是描述显示器中红、绿、蓝三基色混合生成后白色精确度的一项指标。

在网店的商品销售中，经常会遇到一些买家因为商品色差过大的问题而选择退换货，这对于卖家来说是不小的损失，因此单反相机的白平衡功能就显得尤为重要。因为它能够保证摄影师在拍摄商品时真实地还原商品的颜色，不管在什么样的光源下都可以还原出正常的颜色。设置白平衡如图3-12所示。

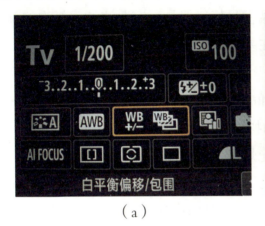 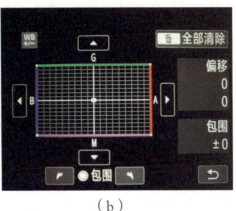

（a） （b）

图3-12 设置白平衡

（a）设置白平衡（一）；（b）设置白平衡（二）

（4）微距功能。

相机如果有微距功能，就意味着可以拍摄离镜头很近的物体。在淘宝商品的拍摄过程中，大部分类目都有拍摄细节图片的需求，因此对于用来拍摄商品的单反相机来说，带有微距镜头是必须配备的。微距对于拍摄小件商品是非常重要的，它能够使商品在画面中所占的像素更多，细节展现得更为清晰，如图3-13和图3-14所示。

图3-13 微距镜头　　图3-14 用微距功能拍摄的效果

手机：一般很少用于实地拍摄，仅作为户外拍摄的条件受限时的代替品使用，拍摄效果较差，但操作简单。

2. 灯光

（1）自然光。

太阳光是免费的资源，只要掌握好拍摄时间，利用自然光进行拍摄是非常不错的，比如大件物品或者是服装外拍。

（2）人造光。

摄影中的人造光源主要分为常亮灯和闪光灯。影室闪光灯有不同的型号和功率。同一型号的影室闪光灯也有不同的功率，如200W、300W、400W、600W、800W等。闪光灯的功率越大，可提供的光线越强。

①常亮灯。

最简易触手可及的就是家用的台灯，有两盏最好，但是一定要注意，灯泡的颜色需要一致，否则拍出来两个灯所照范围的颜色会存在差异。

②闪光灯。

影室闪光灯按功能可以分为普通闪光灯和高速闪光灯。普通闪光灯适合拍摄一些静止的物体（常用）；高速闪光灯适合拍摄一些运动物体的凝固效果。

在拍摄商品时具体需要多大功率的闪光灯才合适呢？如果是拍摄长、宽、高均小于60cm的商品，用300W以下的闪光灯就可以了；如果是拍摄长、宽、高均大于60cm的商品或是人像拍摄，用400W以上的闪光灯比较合适（本教材中均使用400W闪光灯），如图3-15和图3-16所示。

图3-15 常亮灯拍摄效果

图3-16 闪光灯拍摄效果

（3）反光板。

反光板可分为便携式布料折叠款和泡沫折叠款。光质软硬由反光材质决定。反光板如图3-17所示。

图3-17 反光板

（4）柔光箱。

柔光箱（图3-18）是摄影灯的标配之一，通过两层柔光布的柔化，使光源很柔和，而且面积越大，光线越容易填充到画面中的暗部，光线均匀，是最常用的配件，适用于大部分商品的拍摄，如图3-19所示。

图 3-18　柔光箱

图 3-19　柔光箱拍摄效果

3. 辅助道具

（1）背景。

对于摄影来说，背景的选择范围和种类非常广泛，如不同颜色的背景布（图3-20）、麻布、丝绸、铁板、卡纸都可以作为背景。不用花钱的背景有很多种，如桌布、皮衣、白墙等。背景墙如图3-21所示。

图 3-20　背景布

图 3-21　背景墙

（2）三脚架。

三脚架是摄影师必备的一种工具，它可以保持相机的稳定，也能减轻摄影师的负担。全景三脚架和三脚架上相机的特写如图3-22和图3-23所示。

图 3-22　全景三脚架　　　图 3-23　三脚架上相机的特写

（3）静物台。

所谓静物台（图 3-24），就是拍摄商品时将其放在上边，便于拍照的台子。

图 3-24　静物台

三、拍摄技巧

1. 参数设置

（1）焦距。

所谓焦距，正是从镜头之镜片中间点到光线能清晰聚焦的那一点之间的距离。焦距代表了镜头可视大小的能力，焦距数字越大，表示可见范围越小。

通常 50mm 左右的镜头称为标准镜头；小于 50mm 焦距的镜头称为广角镜头；大于

50mm焦距的镜头称为中等焦或者长焦镜头。

（2）焦段。

简单说就是变焦镜头焦距的变化范围。

（3）镜头。

拍摄淘宝商品常用镜头有定焦镜头、变焦镜头和长焦镜头三种。

①定焦镜头，也称标准镜头，是指镜头的焦距是不可改变的，如50mm f/1.8（图3-25）。使用标准镜头拍摄的照片接近人眼正常视角范围。一般拍摄商品时，使用定焦拍摄效果更清晰、更锐利，能够真实地再现被摄物体的形象。

图3-25　Canon/佳能 RF50mm f/1.8 STM 全画幅微单定焦镜头

②变焦镜头，指镜头的焦距是可以改变的，如24~70mm f/2.8（图3-26）。

图3-26　佳能 EF 24-70mm f/2.8L Ⅱ USM 镜头

③长焦镜头，是指大于50mm焦距的镜头。使用长焦镜头拍摄的画面视角较小，物体会被放大，感觉如被拉进画中一样，景深较小，焦外虚化效果较好，具有空间压缩的效果，如图3-27所示。

图 3-27　佳能 EF 70-200mm f/2.8L IS Ⅲ USM 长焦镜头

2. 场景设置

（1）如果商品颜色较浅，应该将它放置在深色背景上拍摄，这样可以更好地突出主体，使之轮廓清晰，容易辨认。反之，就没有对比，不能引起大家的注意，如图 3-28 所示。

图 3-28　浅色商品的背景选择

（2）小件物品的背景选择范围非常广泛，如不同颜色的背景布、卡纸都可以作为背景，首饰或者工艺品可以借助棉、麻、丝、缎甚至植物叶片等物体突出质感，如图 3-29 所示。

图 3-29　小件物品的背景选择

（3）如果在室内拍摄大件物品，布景应以突出产品为主，切忌杂乱，通常，白墙就是很好的背景，如图 3-30 所示。

图 3-30　大件物品的背景选择

（4）白加黑减。

当使用白色背景（色彩比被摄体更淡、更亮的背景）时，由于镜头测光受到白色影响，可能会使主体变得灰暗，此时，需要适当增加曝光量，以确保主体鲜明。当使用黑色背景（色彩比被摄体更沉、更暗的背景）时，则需要降低曝光量，防止物体过曝（即过度曝光）。

3. 布光

常见的布光方式如图 3-31 所示。

（1）正面两侧布光。

正面两侧布光：这是商品拍摄中最常用的布光方式，正面投射出来光线全面而均衡，商品表现全面，不会有暗角。

（2）两侧 45°角布光。

两侧 45°角布光：使商品顶部受光，正面没有完全受光，适合拍摄外形扁平的小商品，不适合拍摄立体感较强且有一定高度的商品。

（3）单侧 45°角不均衡布光。

单侧 45°角不均衡布光：商品的一侧出现严重的阴影，底部的投影也很深，商品表面的很多细节无法得以呈现；同时，由于减少环境光线，反而增加了拍摄的难度。

（4）前后交叉布光。

前后交叉布光：从商品后侧打光可以表现出表面的层次感，如果两侧的光线还有明暗的差别，就可以表现出商品的层次，又保全了所有的细节，比单纯关掉一侧灯光的效果更好。

（5）后方布光。

后方布光：从商品背后打光，而正面因没有光线而产生大片阴影，无法看出商品的全貌，因此，除拍摄需要表现如琉璃、镂空雕刻等具有通透性的商品外，最好不要轻易尝试这种布光方式。

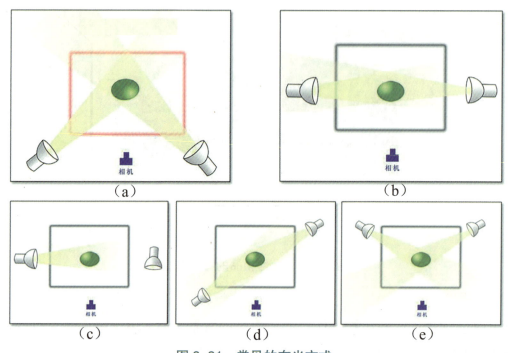

图3-31 常见的布光方式

（a）正面两侧布光；（b）两侧45°角布光；（c）单侧45°角不均衡布光；
（d）前后交叉布光；（e）后方布光

四、用Photoshop处理并美化商品图片

在日常拍摄过程中，如果仅依靠数码相机调整属性直接拍摄产品，很多时候不能完全达到预期效果，必须使用后期修图软件来编辑图片，使其达到需要的效果。使用Photoshop图形图像处理软件，可以实现图片的裁剪、变形、抠图、大小调整，调整色阶、色调、色相饱和度等操作。

1. 图像的颜色模式

颜色模式是指在显示器屏幕上和打印页面上重现图像色彩的模式。它会影响图像中能够显示的颜色数目和图像的通道数及文件的大小。

（1）RGB模式。

RGB模式是Photoshop中最常用的设计模式，也是Photoshop图像的默认模式。RGB模式用红（R）、绿（G）、蓝（B）三原色的混合来产生各种颜色，采用RGB模式的图像有三

个颜色通道，分别用于存放红、绿、蓝三种颜色数据。RGB 是最佳颜色模式，但并非最佳打印模式，因为其定义的许多颜色超出了打印范围。

（2）CMYK 模式。

CMYK 模式是针对印刷而设计的模式，是一种基于青（C）、洋红（M）、黄（Y）和黑（K）四色印刷的印刷模式。该模式又称为减色模式。

（3）Lab 模式。

Lab 模式是 Photoshop 内部的颜色模式，是目前色彩范围最广的一种颜色模式。Lab 模式由三个通道组成，其中 L 通道是亮度通道，a 和 b 通道是颜色通道。Lab 模式弥补了 RGB 模式和 CMYK 模式的不足，在进行色彩模式转换时，Lab 模式转换为 CMYK 模式不会出现颜色丢失现象。因此，在 Photoshop 中，大家常利用 Lab 模式作为 RGB 模式向 CMYK 模式转化的中间过渡模式。

2. 调整图像大小

（1）启动 Photoshop CS6，打开素材文件"演讲 .jpg"，如图 3-32 所示。

（2）在菜单管理栏中选择"图像→图像大小"命令。

（3）在弹出的"图像大小"对话框中编辑调整图像的大小，如图 3-33 所示。

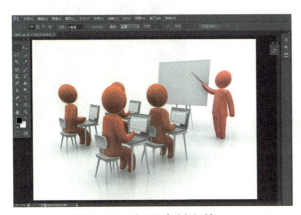

图 3-32　打开素材文件

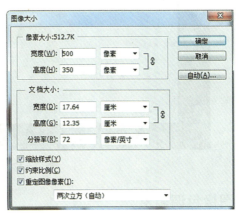

图 3-33　"图像大小"对话框

3. 图像的移动与变换

在 Photoshop CS6 中，主要的操作界面分别是左侧工具栏和上方的工具选项栏。本节内容我们通过图像的移动、复制、变换实例来掌握图像的移动与变换操作。

（1）启动 Photoshop CS6，打开素材文件"彩虹 .jpg"。

（2）选中素材所在图层，按"Ctrl+J"组合键复制目标图层。

（3）选中图层按"Ctrl+T"组合键对副本图层进行自由变换，调整图像大小、旋转并用鼠标右键单击图像，在弹出的菜单中选择"斜切"进行调整，按"Enter"确定变换，如图 3-34 所示。

（4）调整复制图层的不透明度为 60%，成品如图 3-35 所示。

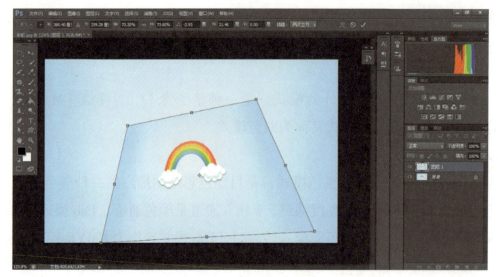

图 3-34　图层自由变换

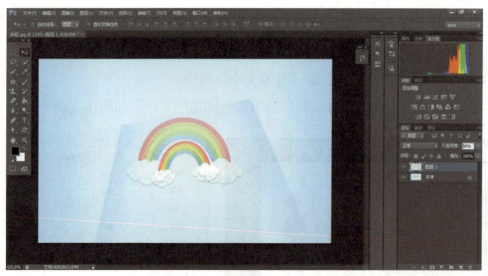

图 3-35　调整图层不透明度

4. 图像色调调整

要实现图像色彩色调的精确调整，可使用"图像→调整"菜单下的命令或调整层进行调整。其中亮度/对比度可以很方便地调整图像的亮度和对比度；色阶命令可以对图像的阴影、中间调和高光进行调整，从而校正图像的色调及色彩平衡；曲线命令可以对图像的色调进行精确地调整。

（1）启动 Photoshop CS6，打开素材文件"夏禅.jpg"。

（2）单击"通道面板下创建新的填充或调整图层"按钮，选择"添加亮度/对比度调整层"选项，调整亮度、对比度参数，效果如图 3-36 所示。

（3）单击"通道面板下创建新的填充或调整图层"按钮，选择"添加曲线调整层"选项并调整参数，其效果如图 3-37 所示。

 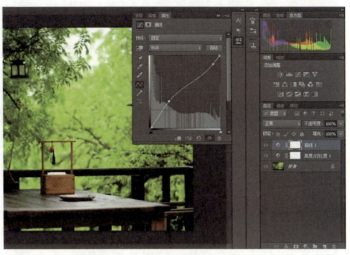

图 3-36　添加亮度/对比度调整层　　　　图 3-37　添加曲线调整层

5. 图像色彩调整

使用自然饱和度命令对于调整人像非常有用，可防止肤色过度饱和。色相/饱和度命令可以调整整个图像或单个颜色分量的色相、饱和度和亮度值。色彩平衡命令可以单独对图像的阴影、中间调或高光区域进行色彩调整，多用于偏色校正。

（1）启动 Photoshop CS6，打开素材文件"古风.jpg"，单击"通道面板下创建新的填充或调整图层"按钮，选择添加色相/饱和度调整层，如图 3-38 所示。

（2）双击"新增填充图层调整参数"按钮，效果如图 3-39 所示。

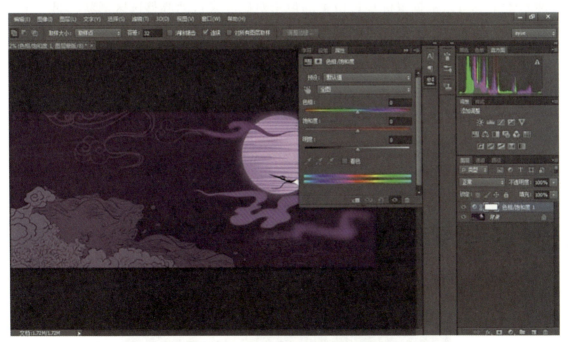

图 3-38　添加色相/饱和度调整层

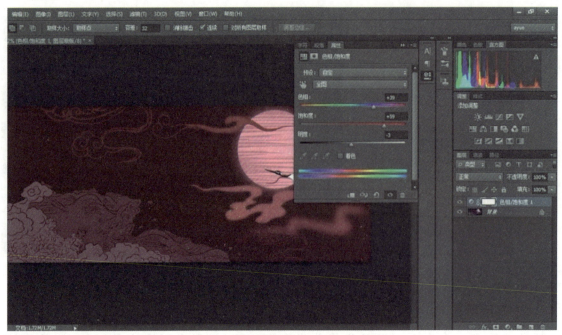

图 3-39　调整色相/饱和度图层

6. 图像素材的提取

在图像的处理过程中，素材的提取是常用的基础操作之一，素材提取质量的高低直接影响到后期处理的效果。

（1）磁性套索工具。

磁性套索工具可以根据鼠标经过位置的色彩对比度来自动调整选区形状，是一个智能的选取工具。确定起点后沿着要选择的图像边缘移动鼠标，它经过的地方会自动产生多个定位节点，可随时按"Delete"键删除上一个节点，也可通过连续单击的办法来勾选边界。鼠标指针回到起点时，单击鼠标右下角会出现的小圆圈，此时选区闭合。该工具主要适用于选择颜色边界分明的图像，如图 3-40 所示。

图 3-40　"磁性套索工具"选区

"磁性套索工具"的选项栏如图3-41所示。

图3-41 "磁性套索工具"选项栏

（2）魔棒工具。

魔棒工具可以为图像中颜色相同或相近的像素创建选区。选择"魔棒工具"后，再单击图像中某个颜色像素，则与鼠标光标落点处颜色相近的区域将被一次选中。魔棒工具的选项栏如图3-42所示。

图3-42 魔棒工具的选项栏

7. 添加水印效果

水印是向多媒体数据（如图像、声音、视频）中添加某些数字信息以达到产权保护等功能。添加的水印可以隐藏于主文件中且不影响源文件的客观性和完整性，其案例操作步骤如下。

（1）启动 Photoshop CS6，打开素材文件"浅影交相语，日月同辉时.jpg"。

（2）选择"文字工具"添加文字"浅影交相语，日月同辉时"，如图3-43所示。

（3）调整文字图层修改不透明度选项，效果如图3-44所示。

图3-43 添加文字

图3-44 修改不透明度

小结

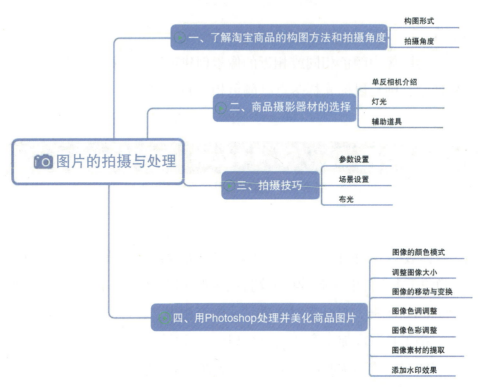

任务 3.2　视频的拍摄与处理

理论指引

网店短视频能在最短的时间内展示商品信息及其使用方法，可以快速吸引买家的目光。店铺对主图、详情页视频的支持，使卖家们开始把视频的制作加入网店装修的范围内。本任务旨在讲授网店短视频的拍摄与处理的方法，为店铺中的商品提供有效的展示途径。

一、视频的拍摄

1. 淘宝商品视频拍摄流程

淘宝店铺商品视频拍摄具体分为四个流程。第一，要了解商品的特点、商品的使用方法；第二，要根据商品特点，选择道具、模特和必要的场景，多方位展示商品；第三，根据

构图的基本原则，多角度拍摄；第四，运用视频处理软件对视频进行后期剪辑，将多余的部分删减，将多场景组合，以及添加字幕、音频、转场、特效等操作，完成短视频的制作并将其上传至平台。

2. 视频构图的基本原则

（1）主体明确：把主体放置在视觉的中心位置上，更容易突出主体。

（2）陪体衬托：陪体不能喧宾夺主，主体在画面上必须显著突出。

（3）环境烘托：不仅能突出主体，还能给画面增加浓重的现场感。

（4）前景与背景的处理：前景与背景不仅可以渲染主体，还能使画面富有层次感和立体感。

（5）画面简洁：选用简单的背景，可以避免对主体注意力的分散。

3. 视频拍摄的景别与角度

（1）景别。

景别主要是指摄影机同被摄对象间的距离的远近，而造成画面上形象的大小。景别没有严格的界限划分，一般可分为远景、全景、中景、近景和特写。

远景：远景是摄影机远距离拍摄事物的镜头。

全景：全景表现的是物体的全貌或人物的全身。

中景：中景将对象的大概外形展示出来，又在一定程度上显示了细节，是突出主体的常见镜头。

近景：拍到人物胸部以上，或物体的局部称为近景。

特写：特写用于表现对象的细节，细节的表现能体现商品的材质和质量等。

（2）拍摄方位。

从多个方位拍摄更能体现商品的全貌，给买家提供全面的展示。通常，商家会用正面拍摄、侧面拍摄、背面拍摄三个方向的视频来展示商品，如图 3-45 所示。

（a） （b） （c）

图 3-45 拍摄方位

（a）正面拍摄；（b）侧面拍摄；（c）背面拍摄

（3）拍摄角度。

在拍摄前观察被摄物体，选择最能表现其特征的角度，如图3-46所示。

平视角度：拍摄点与被摄对象处于同一水平线上，画面效果接近人们观察事物的视觉习惯。

仰视角度：拍摄点低于被摄对象，以仰视的角度来拍摄物体，能够突出主体，表现对象的内部结构。

俯视角度：以俯视的角度拍摄位置较低的物体，最常见的是以俯视角度拍摄茶品。

图3-46 拍摄角度

（a）平视角度；（b）仰视角度；（c）俯视角度

二、视频的处理

视频拍摄完成之后需要进行适当地加工，以达到有效突出商品特色，吸引买家购买欲望的目的。接下来以樱桃和花生酥的视频为例；同时，借助会声会影视频处理软件简单介绍视频处理的基本流程和方法。

1. 认识会声会影

会声会影工作界面如图3-47所示。

图3-47 会声会影工作界面

①菜单栏：提供了用于自定义会声会影、打开和保存影片项目、处理单个素材等的各种命令。

②预览窗口：显示"播放器"面板中当前正在播放的视频并以交互式的方法编辑视频。

③素材库面板：存储影片创建所需要的全部内容，包括视频样本、照片和音乐素材以及已导入素材。还包括模板、专场、标题、图形、滤镜和路径。选项面板可与素材面板共享空间。

④导览区域：提供用于在"播放器"面板中回放和精确修整素材的按钮。

⑤工具栏：在与时间轴中内容相关的多种功能中选择。

⑥时间轴面板：时间轴是组合视频项目中的媒体素材的位置。

2. 用会声会影制作视频

（1）制作主图视频。

第一步：项目设置。

启动会声会影，执行"设置"中的"项目属性"命令；打开对话框，在项目格式下拉列表中选择"在线"选项，单击下方的"创建"按钮，在打开的对话框中输入配置文件名称，如图3-48、图3-49、图3-50所示。

图3-48　选择项目属性

图3-49　选择项目格式

图3-50　输入配置文件名称

第二步：导入素材。

在会声会影素材库中单击"添加"按钮（图3-51），新建文件夹后对其进行命名，在素材库中单击鼠标右键，执行"插入媒体文件"命令，选择素材（图3-52），添加素材后，将其拖入时间轴中，如图3-53所示。

图3-51 单击"添加"按钮

图3-52 选择素材

图3-53 将素材拖入时间轴

第三步：编辑素材。

双击素材，展开"选项"面板，在"照片"选项面板中单击"摇动和缩放"单选按钮，然后单击"自定义"按钮（图3-54）；在第一帧上单击鼠标右键，执行"复制"命令，然后在最后一帧上单击鼠标右键，执行"粘贴"命令，如图3-55所示。

项目3　视图设计

图3-54　单击"自定义"按钮

图3-55　复制粘贴

第四步：添加转场与特效。

单击"转场"按钮，进入"转场"素材库；在素材库上方单击"对视频轨应用随机效果"按钮，此时的素材之间插入了随机的转场效果（图3-56）；单击"滤镜"按钮，进入"滤镜"素材库；选择"镜头闪光"滤镜（图3-57），将其拖至素材1上，再用同样的方法，在素材2和素材3上添加"镜头闪光"滤镜。

图3-56　选择随机转场效果

图 3-57 选择滤镜

第五步：添加文字和音频。

单击"标题"按钮，进入"标题"素材库，在素材库中选择一个标题将其拖入时间轴的覆叠轨上；拖动素材的边缘，调整到和视频轨长度一致；在预览窗口双击以修改文字内容，并拖动四周的控制点调整大小，如图 3-58 和图 3-59 所示。

图 3-58 添加文字

图 3-59 修改文字

单击时间轴中的"自动音乐"按钮,在展开的面板中选择音乐,然后单击"播放选定歌曲"按钮;选定歌曲后,选中"自动修整"按钮,然后单击"添加到时间轴"按钮,音乐自动添加到音乐轨中,如图3-60所示。

图 3-60　添加音频

第六步:输出音频。

在步骤面板上单击"共享"按钮,进入共享界面,单击"自定义"按钮,选择格式,再单击格式右侧的"选项"按钮,单击"自定义"单选按钮,设置宽高参数,如图3-61所示。

图 3-61　设置参数

输入文件名,并单击文件位置后的文件夹图标,在打开的对话框中选择视频存储的位置,单击"保存"按钮,单击"开始"按钮,视频开始渲染,单击如图3-62所示的按钮,左侧显示预览效果。

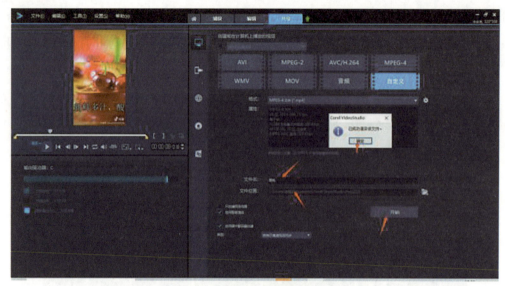

图 3-62 效果预览

（2）制作详情页视频。

第一步：导入视频素材。

单击鼠标右键，选择"多重修整视频"选项，拖动预览窗口下方的时间滑块到合适的位置，单击"设置开始标记"按钮，标记开始位置；继续拖动滑块到结束的位置，单击"设置结束标记"按钮；标记后在下方显示出标记的片段，单击"确定"按钮，此时时间轴中仅显示需要的视频片段，如图 3-63 和图 3-64 所示。

图 3-63 多重修整视频界面

图 3-64 设置开始和结束标记

第二步：添加开头"模板"。

在时间轴上方单击添加标记点，标记覆叠轨素材的开始位置；单击"即时项目"按钮，打开"即时项目"素材库，选择"开始"类别中的一个模板，单击鼠标右键，执行"在开始处添加"命令，如图 3-65 所示。

图 3-65 添加模板

第三步：素材的叠加。

选择视频轨最后一个素材并拖入覆叠轨中；选择覆叠轨中的素材1，单击鼠标右键，执行"复制属性"命令；选择覆叠轨素材2，单击鼠标右键，执行"粘贴所有属性"命令，如图 3-66 和图 3-67 所示。

图 3-66　素材添加效果图（一）

图 3-67　素材添加效果图（二）

第四步：添加标题。

删除覆叠轨素材 1，将覆叠轨素材 2 移动到素材 1 的位置，并调整区间，双击标题轨上的标题，在预览窗口中双击修改文字内容，如图 3-68 和图 3-69 所示。

图 3-68　添加标题文字效果图（一）

项目 3　视图设计

图 3-69　添加标题文字效果图（二）

第五步：添加"结尾"模板。

用同样的方法，在时间轴中，拖动声音素材，调整区间。

（3）为视频添加 Logo。

在视频上添加图片 Logo，只需将 Logo 图片添加到覆叠轨上即可。纯文字的 Logo 可以直接在会声会影中制作。

第一步：选择 Logo 色彩。

在素材库面板中单击"图形"按钮，然后在画廊中选择"色彩"选项，选择一种颜色条目，将其拖动到时间轴中合适的位置，并调整区间，如图 3-70 和图 3-71 所示。

图 3-70　选择色彩模式

69

图 3-71 调整区间

选择素材,在选项面板中单击"色块"选项,在弹出的选项中选择"Corel 色彩选取器"选项,在其中选择需要的颜色,然后在预览窗口中调整素材大小与位置,如图 3-72 和图 3-73 所示。

图 3-72 选择颜色

图 3-73 调整素材大小与位置

第二步：添加 Logo 标题。

单击"标题"按钮，在预览窗口中双击并输入文字，在编辑面板中修改标题参数，调整文字的位置，在时间轴中调整标题的位置与区间，如图 3-74 所示。

图 3-74　添加 Logo 标题

（4）为视频配音。

单击时间轴上方的"录制/捕获选项"按钮，单击"画外音"按钮，待弹出"调整音量"对话框后，单击"开始"按钮，即可开始录音，如图 3-75 所示。

录音完成后按空格键停止，在声音轨上即可显示录制的音频；制作完成后输出视频（图 3-76）即可。

图 3-75　录音

网店运营

图 3-76 输出视频

（5）上传视频。

打开"淘宝视频"页面，单击右上角的"上传视频"按钮上传视频。上传完成后，填写相关信息，并选择一张视频截图为封面，最后单击"保存并发布"按钮，便可完成视频的发布。

 小结

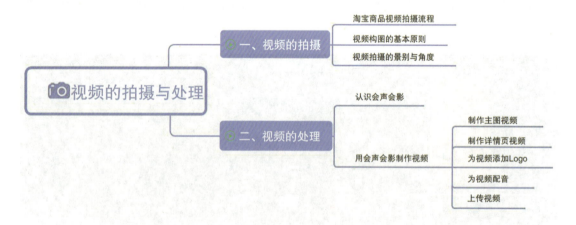

项目4

店铺的设计与装修

 学习目标

知识目标

1. 理解店铺首页装修包含的内容;
2. 理解店铺详情页框架概述;
3. 掌握利用 Photoshop 制作店铺促销图片、主副图和店铺首页导航的方法。

能力目标

能够独立完成店铺首页及详情页的设计与制作。

情感素养目标

培养学生灵活运用图片处理软件制作图片和鉴赏图片的能力。

任务描述——这家店铺"有点颜值"

在电子商务领域,"视觉营销"这个词特别火。视觉营销,顾名思义就是在客户的视觉感官上下功夫,引起客户的共鸣,使他们产生对商品深刻的认同感,从而达到营销的目的。视觉是手段,营销为目的。所有视觉效果的实现都是以营销目标为前提,就叫作视觉营销。对电子商务从业者来说,根本就是"无视觉,不电商"。给客户展示美观的画面,再撩起他们的购买欲,也是视觉电子商务营销的基本逻辑。

在淘宝开店,看似容易,但其实并非如此,因为从最初的选货、店铺装修到正式运营推广,其间的艰难恐怕只有亲身体验过才知道。在浩繁的困难中,店铺装修是不可轻忽的一个关键环节。由于店铺的装修是一个店面的形象表现,是客户进店的第一印象,把好的印象留给客户是电子商务必须做到的。正所谓人靠衣装,不管是实体店铺还是淘宝店铺都是一样的,只有把店铺装修好,才能让客户看起来有一种舒适感,才可以让客户在店铺止步浏览。那么淘宝的店铺装修应该怎么设计呢?接下来就让我们一起来探索淘宝新店装修的秘诀。

任务4.1 设计店铺首页

理论指引

对待淘宝店铺装修,很多商家把注意力放在设计商品详情页上,而忽略了对于店铺首页的设计。淘宝店铺首页作为"第一屏"展示界面,却是留住买家的点睛之作,因此我们要设计出吸引买家注意的首页。

一、商品首页框架概述(以板栗为例)

网店店铺首页等于一个实体店的门面,能够对商品进行详情描述,店铺首页装修的好坏会直接影响消费者的购物体验和店铺的转化率。一个正常营业的网店,其店铺首页主要由店招、导航栏、海报、主副图、商品分类等部分组成。

1. 店招

顾名思义,店招是店铺的招牌,尺寸为950×150像素的店招含自定义导航部分;尺寸为990×120像素或950×120像素的店招,其导航部分为系统自带。店招一般展示店铺的名称、Logo、口号等；详细一些的店招也可以展示 1~2 款主推商品、领取优惠券、收藏店铺等。店招是店铺里唯一一个在各个页面都进行展示的模块，所以一些重点推广信息可以设计安排在店招上，如图 4-1 所示。

图 4-1　店招示例

2. 导航栏

一个偌大的店铺，怎样才能让买家购物更加有条理、思路更加清晰？一个有效的导航栏至关重要。首页导航一般有三种类型：第一种是根据店铺的主营商品在导航上分类；第二种是根据购物规则、购物流程等（如买家须知、尺码表等）在导航上分类；第三种是根据特别商品（如特价、新品、热卖的商品）在导航上分类，如图 4-2 所示。

图 4-2　导航栏示例

3. 海报

海报设计是视觉传达的表现形式之一，通过版面的构成在第一时间将人们的目标吸引，并获得瞬间的刺激。普通的海报尺寸通常是 950×500 像素或 950×600 像素，具体的宽高要符合淘宝店铺装修页面的需求，如图 4-3 所示。

图 4-3 海报

(a) 海报（一）;（b) 海报（二）

4. 主副图

淘宝商品主图是对销售的商品的一种最直接的视觉展示方式。商品详情页中左边的图片就是淘宝主图。每个淘宝店铺的详情页可以放置五张图片，第一张为主图，其余四张为副图，如图 4-4 所示。

图 4-4 板栗主副图

(a) 主图;（b) 副图

5. 商品分类

商品分类是一个提升用户体验的过程，通过对不同的商品进行分类，可以让买家根据需求快速地找到自己想要的商品。清晰的商品分类也能够减轻客服的工作量，有助于他们主动服务客户，如图 4-5 和图 4-6 所示。

图 4-5 商品分类展现（一）

图 4-6 商品分类展现（二）

二、商品主图上传

第一步：登录淘宝官网，进入"千牛卖家中心"，单击左侧"店铺管理"栏中的"图片空间"按钮，系统会自动跳转到如图 4-7 所示的图片空间界面。

图 4-7 图片空间界面

第二步：单击图4-7中左上角"上传图片"按钮，会出现图4-8所示窗口。如果单击右上角的"修改位置"按钮，则可以更改图片存储位置。如果使用"高速上传"，则需要下载安装相关控件。本书仅介绍"通用上传"的方法，即单击"点击上传"按钮，在弹出的对话框中找到要上传的图片，单击"打开"按钮即可上传图片到相应位置。

图4-8　上传图片窗口

第三步：图片上传完成后的效果如图4-9所示。

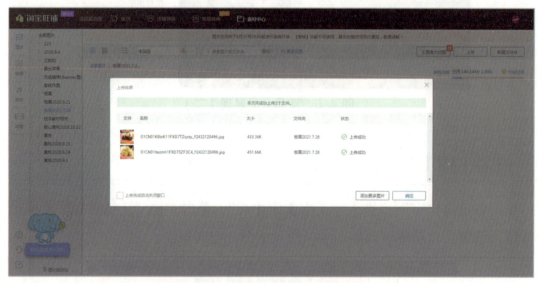

图4-9　图片上传完成后的效果

三、特色店铺图片展示

1.店铺促销海报展示

店铺促销海报展示如图4-10所示。

图 4-10 店铺促销海报展示

2. 宝贝促销海报展示

宝贝促销海报展示如图 4-11 所示。

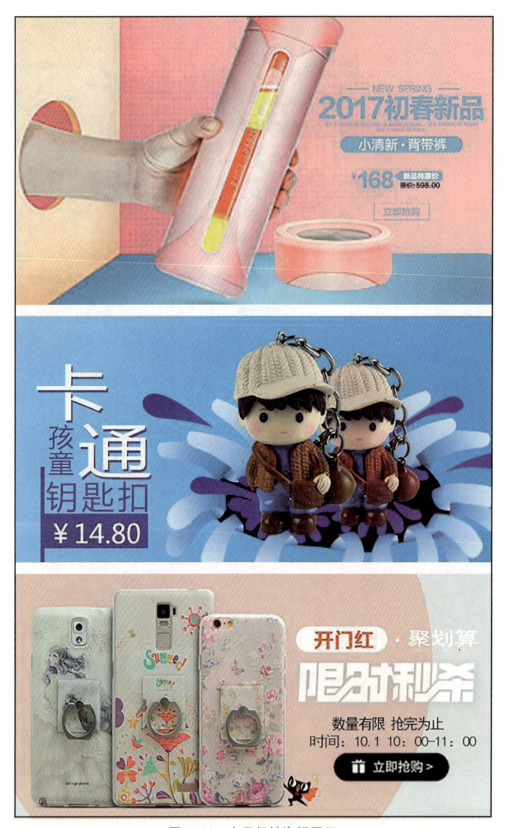

图 4-11 宝贝促销海报展示

3. 宝贝主副图展示

宝贝主副图展示如图 4-12 所示。

图 4-12　宝贝主副图展示

4. 店铺形象展示

店铺形象展示如图 4-13 所示。

图 4-13　店铺形象展示

 小结

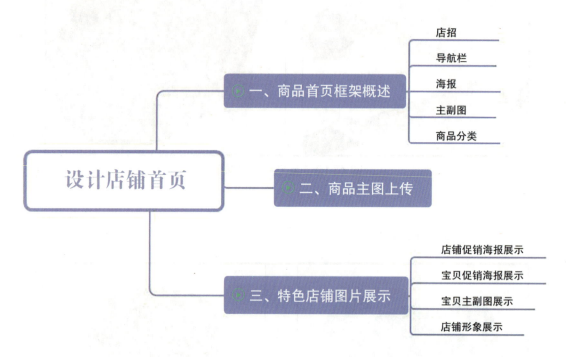

任务 4.2　设计商品详情页

理论指引

商品详情页体现的是一个店铺商品的内在美，是架起消费者与产品接触的桥梁，起着举足轻重的作用。商品详情页是整个店铺的亮点和聚焦点，没有一个买家在网购的过程中是不浏览商品详情页就直接下单购买的，一个充满设计色彩的商品详情页能够刺激买家的购买欲望，促使买家下单购买商品。本节将从三个方面具体讲解商品详情页设计制作过程的相关知识点。

一、商品详情页框架概述（以板栗为例）

淘宝产品详情页的描述一般遵循以下顺序：引发兴趣；激发潜在需求；赢得买家信任；促成交易。

1. 首屏海报

首屏海报可以设置店铺营销图片,把店铺主推爆款放到这里。因为它在首页,所以当买家点击进入的时候就能第一眼看到。首屏海报一定要有自己鲜明的亮点,从而吸引买家产生购买欲望,如图4-14所示。

图4-14 首屏海报

2. 场景展示

场景展示是指在淘宝详情页中将主宝贝产品放在不同的外景中展示。例如,如果宝贝是室内香薰精油,场景展示图就可以是客厅、卫生间、卧室等场景中使用宝贝的效果图以及在不同室内场景的展示。淘宝产品的场景图可以将商品更好地融入环境中,尤其对于穿搭品类的商品,通过场景展示,产品代入感强,更能刺激买家产生购买欲望,如图4-15所示。

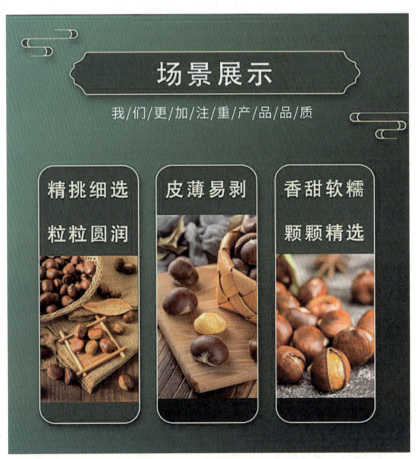

图4-15 场景展示

3. 活动促销信息

当淘宝店铺宝贝参加淘宝平台活动时，商家可以将加入活动促销的商品展示在详情页中，将店铺活动促销海报等信息添加到详情页中，从而促进买家下单，如图 4-16 所示。

图 4-16　活动促销信息

4. 商品详情描述（宝贝属性、宝贝卖点、宝贝细节、宝贝展示）

宝贝属性：主要是指产品的名称、规格、材质、颜色、存储方式、保质期、适用人群等。如图 4-17 所示。

宝贝卖点：主要在详情展示的过程中突出产品与众不同之处和产品的优势，如图 4-18 所示。

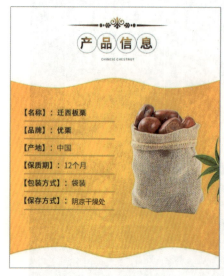 

图 4-17　宝贝属性　　　　　图 4-18　宝贝卖点

宝贝细节：针对不同类目的商品，商家应尽可能地抓住买家的关注点，将宝贝各个部分的细节展示出来，如图 4-19 所示。

宝贝展示：这里主要是从不同角度展示宝贝的整体性，具体如图 4-20 所示。

图 4-19　宝贝细节

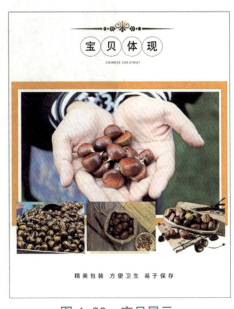

图 4-20　宝贝展示

5. 商品包装和资质展示

商品包装：一个好的包装能够体现店铺的整体实力和买家对商品的认同感。与此同时，卖家可以为商品提供不同的包装，以满足买家多样化、个性化的需求，如图 4-21 所示。

图 4-21　商品包装

6. 售后保障

淘宝详情页的售后保障主要是指 7 天无理由退货、赠送运费险等，可以提供损坏包赔、只换不修等售后承诺，真正做到让买家无后顾之忧，如图4-22所示。

图4-22　售后保障

二、商品详情页装修上传

第一步：登录淘宝账号，进入"千牛卖家中心"页面。单击左侧"店铺管理"栏中的"店铺装修"按钮，在打开的店铺装修页面，选择"PC端"，在左侧列表选择"宝贝详情页"，单击页面右侧的"装修页面"按钮，如图4-23所示。

图4-23　"装修页面"按钮

第二步：淘宝后台默认的宝贝详情页只是包含了几个固定模块，并且不允许改变样式，如图4-24所示。

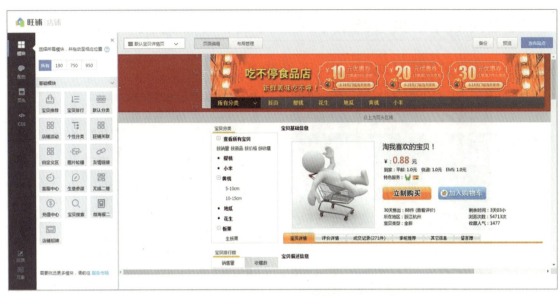

图 4-24　详情页模块

第三步：为了方便商家自行设计宝贝详情页，我们可以运用作图软件。首先，打开 Photoshop 软件，新建宽度默认为 750 像素，高度不限制，但为了方便加载，建议以 8 000 像素为最佳。设计完成后，可以运用切片工具对宝贝详情页界面进行切割，然后再按照顺序上传，如图 4-25 所示。

图 4-25　详情页效果图

三、特色商品详情页案例展示（以月饼和床品为例）

特色商品详情页案例展示如图 4-26~图 4-30 所示。

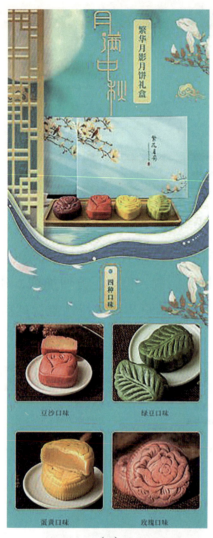 

（a） （b）

图 4-26 特色商品详情页案例展示（一）

（a）月饼展示（一）；（b）月饼展示（二）

项目4　店铺的设计与装修

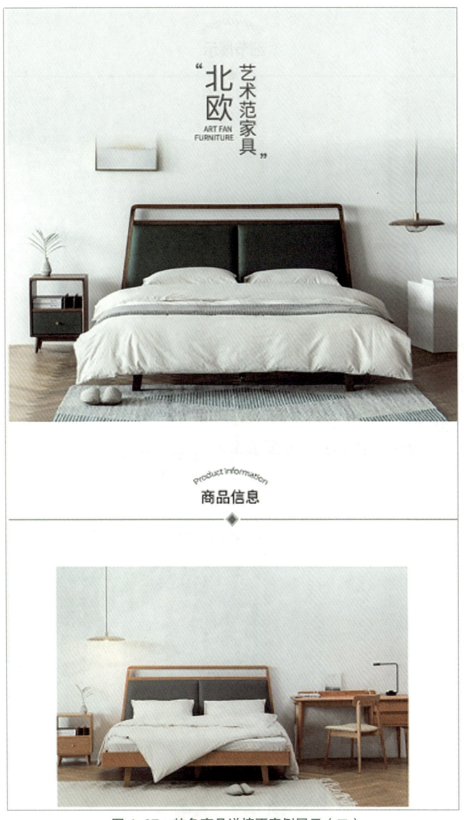

图4-27　特色商品详情页案例展示（二）

Show details
细节展示

简约 时尚 大气

经典北欧设计 化繁为简。

舒适靠背

高密度棉花 高回弹 不塌陷。

图 4-28 特色商品详情页案例展示（三）

图 4-29 特色商品详情页案例展示（四）

图 4-30 特色商品详情页案例展示（五）

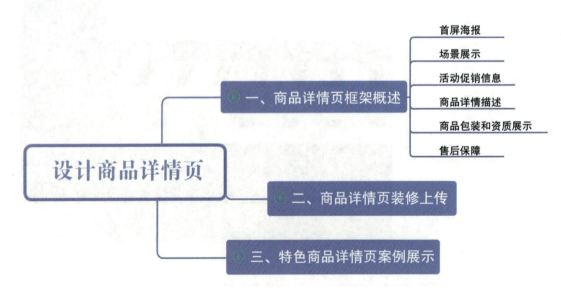

项目 4　店铺的设计与装修

任务 4.3　手机端店铺装修

理论指引

随着移动设备的发展，手机逐渐成为人们日常生活中不可或缺的电子产品，各网络公司也逐渐开发出移动客户端的 App。因此，淘宝店铺没有只停留在 PC 端界面的设计，也逐渐把重心转移到手机淘宝平台的设计上。本节任务以板栗为例，从店铺首页设计、详情页设计等方面来系统地讲解手机淘宝页面的设计制作。

一、淘宝手机端和 PC 端的区别

在进行淘宝手机端设计时，如果直接把 PC 端的图片搬到手机端来使用，就会出现图片尺寸和文字大小不适配等问题。下面具体介绍一下两者的区别：

1. 尺寸区别

手机端屏幕的尺寸远远小于 PC 端的尺寸。如果尺寸不合适，则容易造成界面混乱。

2. 布局区别

手机淘宝在布局上要求简洁明了。

3. 详情区别

PC 端因为屏幕比较大，我们在设计的过程中可以通过较多的文字来说明产品的特性，但是手机淘宝的详情页由于界面布局的限制，需要用较多的图片来展示商品。

4. 颜色区别

PC 端为了更好地展现商品，色彩较为丰富，而手机端因为浏览面积的限制，在色彩搭配上也需要尽量简单。

二、手机淘宝的设计内容

手机端的店铺首页包括店招、店名和其他焦点图设计等。店招与电脑端不同，通常只有一张图片，因为受手机端屏幕尺寸的限制，店铺名称不宜过长，否则不能完全显示出来。因此，首先要设计手机端店铺首页装修框架，再去各个模块中单独地设计修改。从整体内容上看，手机端店铺首页需要承载的内容包括店铺店招、焦点图等。

1. 店铺店招设计

手机端的店招尺寸为 750×254 像素，制作的店铺店招效果图如图 4-31 所示。

图 4-31　店铺店招设计

2. 焦点图

手机端的焦点图即 PC 端的促销海报，设计理念相类似，但由于手机屏幕大小的限制，在制作焦点图时切忌使用暗沉的颜色。焦点图的最终效果如图 4-32 所示。

图 4-32　焦点图的最终效果

3. 优惠券设计

手机端的优惠券模块较小，因此制作优惠券只需要使用简介的图形和文字制作即可。优惠券设计的最终效果如图 4-33 所示。

图 4-33　优惠券设计的最终效果

4. 宝贝推荐设计

手机端的宝贝推荐要求简洁明了，文字不宜过小，方便用户查看。宝贝推荐设计的最终效果如图4-34所示。

图4-34　宝贝推荐设计的最终效果

5. 主副图

手机淘宝也需要添加合适的主图、副图，位于商品详情页的上方，画面风格以简洁为主，如图4-35所示。

图4-35　主副图

6. 详情页设计

如果直接从电脑端将详情页同步到手机端，则会出现字体排列不整体、图片重叠的现象。在手机详情页结构设计上，主视觉海报、色彩选择、商品信息、商品聚焦卖点、情境化展示、细节图放大，内容缺一不可。另外，在手机端详情页上需要加入返回首页的banner（横幅），这样才可以和首页形成闭环。与此同时，也可以方便卖家能够随时跳转到店铺的首页重新寻找宝贝，从而降低店铺的跳失率（显示客户通过相应入口进入，只访问了一个页面

就离开的访问次数占该页面总访问次数的比例），增加店铺的浏览量。详情页设计的最终效果如图 4-36 所示。

图 4-36 详情页设计的最终效果

（a）详情页（一）；（b）详情页（二）

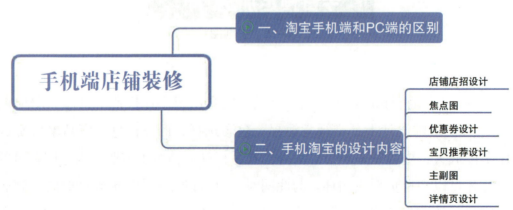

项目5

店铺推广

 学习目标

知识目标

1. 理解淘宝搜索引擎优化的基础知识;
2. 掌握关键词优化的概念和方法;
3. 了解微信个人号和公众号的应用;掌握微信营销的方法。

能力目标

1. 能够独立完成商品标题、类目和属性、价格、上下架时间的优化;
2. 能够制作钻石展位推广图;
3. 会使用微信进行基本操作;可以完成个人号和公众号的推进与运营。

情感素养目标

培养学生灵活排列组合宝贝标题关键词,提高宝贝的自然排名。

网店运营

任务描述——推广引流，让农产品跑出加速度

近年来，五莲县叩官镇充分发挥妇女在电子商务创业中的主力军作用，积极支持妇女从事电子商务创业，其中涌现出一支以"五朵金花"为代表的电子商务创业"娘子军"。在"五朵金花"的带动下，"网页觅商机，网店忙交易"已成为叩官镇农村妇女增收致富的新时尚。她们借助淘宝网、微信、视频直播等网络平台将店铺推广引流，销售本地茶叶、杂粮、蔬菜、瓜果等特色农产品，使年交易销售额突破 560 万元。

电子商务时代的到来，意味着更加琳琅满目的商品、更加方便的购物场所以及越来越多的选择性。获取流量，则是商业市场永恒不变的共同需求，若没有流量，店铺就不会有销量。由于农产品同质性高，因此如何吸引更多的流量，在众多商品中脱颖而出，就成了新农商们最为关心的问题。然而，怎么才能有流量呢？这和店家的推广是分不开的。应该怎样进行日常推广才能克敌制胜，让网店流量跑出加速度？接下来大家就一起学习一下，新农商的推广营销策略应该如何制定。

任务 5.1　搜索引擎优化与排名

理论指引

买家在淘宝网上购买商品时，一般都是通过关键字搜索商品，而搜索出的商品种类很多，按照一般人的购买习惯，通常只会看前面几页，货比三家后下单，因此在搜索中排名靠前的商品就有更多的曝光机会。那么作为卖家，应该如何设置商品才能使排名靠前呢？

一、淘宝搜索引擎优化

搜索引擎优化（Search Engine Optimization，SEO）是指通过改进网站搜索关键词自然排名来获取更多的流量，从而达到网站建设和销售的目的，是目前较为流行的一种网络营销方式。淘宝搜索引擎优化是搜索引擎优化的一个分支，主要用于提升店铺的排名，使店铺的宝贝在检索页面的排名更靠前，以获取更多流量。

二、宝贝标题优化

（一）宝贝标题的撰写

买家若要找到自己想购买的宝贝，最常使用的一个步骤就是通过标题搜索来找到对应的宝贝，因此，标题的好与坏就决定卖家的宝贝是否能够被搜索并得到展现，如图5-1所示。

图 5-1　关键词搜索

（a）示意（一）；（b）示意（二）

由图5-1可以发现：

（1）宝贝标题是由关键词组合而成的，它和搜索关键词是紧密相关的，搜索关键词出来的宝贝标题一定含有这个关键词。

（2）搜索出的商品的关键词是完全吻合的。搜索"羽绒服"出来的一定是羽绒服，而不是其他相关商品，当然个别小类目因为关键词设置问题会有出入。

（3）因为销量大排名会靠前，但是由于新商品没有销量，所以应该尽量避开销量高的关键词，也就是使用长一些的词语——长尾词。这样就能避免和那些大卖家直接竞争。

（4）要选择下架时间影响小的词。

那么，一个好的标题应该如何撰写呢？

1. 寻找关键词

找词，是标题优化的第一步，是标题优化的基础，在标题优化之前应该找出所有跟商品相关的核心词，如图5-2所示。

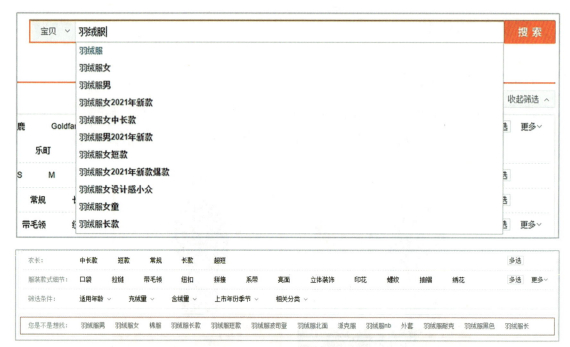

图 5-2　系统搜索词效果

图 5-2 都是系统推荐给卖家的热词，这些就是我们要找的词。通过这些可以找到系统推荐的热词，然后还可以拓展更多的词。

2. 根据确定的核心权重词去选择长尾词

通过上面的分析，核心词已经确定下来，之后的操作就是确定长尾词了。卖家可以用市场洞察（这个是淘宝的付费功能，但是如果你是服装类的大类目，我建议订购一下），把你确定的核心权重词在搜索框里面输入，然后还是选择最近 7 天的数据，单击"相关搜索词"按钮，我们就假设核心权重词选择了"羽绒服女修身"。然后在下面的数据筛选框中留下四组数据：搜索人气、点击率、在线商品数、支付转化率。

接下来是最关键的部分，我们按照如下的操作，选择数据，然后打开一个 Excel 表格，把几组数据统计起来，提取数据越多越好（一般不低于 30 个），具体类目要具体分析。

（1）按照在线商品数从低到高排序，选择能用的前 30 个词。

注：宝贝数低于 100 的、明显没人搜索的词、品牌词和自己商品不相关的删除，比如十几个字的搜索项，这个基本是人为操作出来的。

（2）按照搜索人气从高到低排序，选择能用的提取前 30 个词。

注：品牌词和自己商品不相关的删除。

（3）按照点击率从高到低排序，选择能用的前 30 个词。

注：品牌词和自己商品不相关的词、明显人为操作的词删除。

（4）按照支付转化率从高到低排序，选择能用的前 30 个词。

注：品牌词和自己商品不相关的词、明显人为操作的词删除，如转化率特别高的词。

好了,接下来你的工作就很简单了,选择高权重的黄金长尾词。你就看有哪些词在这四个维度里面都出现了,那么这个词一定是值得你选择的词。如果不能在四个维度都出现,那就要看是不是可以在三个维度都出现了。实在不行就多提取关键词。总之,一定可以找到好词的,这个方法简单、高效、实用,最关键的是非常科学。

3. 组合标题

通过以上的分析,我们找到了关键词,接下来就要解决如何把关键词组合成标题的问题了,标题的组成有以下原则:

(1)紧密排列原则:这里的紧密排列是指核心关键词原样不动地加入。何谓紧密排列?举个例子,当我们在淘宝中搜索"连衣裙"时会看到下拉框中有一些词语,而这些关键词很多中间是没有空格的,这样的词语就符合紧密排列原则。

(2)无线穿插原则:在组合标题时,有时会出现标题中有空格的情况,如果有的关键词带空格,不要删除,也不要随意更改位置,而是要坚持"无线穿插"原则,也就是在空格位置上来进行穿插关键词组合。

如标题"巴厘岛露背沙滩裙女小个子海边度假超仙小黑裙黑色吊带连衣裙",其中"黑色""吊带""连衣裙"之间有空格,如果删掉空格或者改变其位置,那么淘宝系统很可能会默认其变成另一个词,因此会造成关键词权重的变化,影响其效果的发挥。如果使用无线穿插原则,加入"齐地""雪纺"等词来代替空格,就会变成"黑色齐地吊带雪纺连衣裙",是不是会更加精准呢?

(3)杠杆原理:在组合时,可以先分别将两个行业大词放在标题的最前面或者最后面(形成一个杠杆原理),利用淘宝搜索引擎的杠杆原理,也被称为前后原理,搜索引擎在抓取产品数据时是按照标题前后词语来抓取而不是中间的词语。举个例子,同样是"连衣裙"这个关键词,放在中间就没有放在前面或后面权重高,因此首尾关键词是很重要的。

(4)属性词语勿冲突:有些卖家为了凑齐标题字数,会将属性词语放在标题中,这样做本身是没有问题的。如果你卖的衣服是长袖的,而标题中出现的是短袖,即使有关键词,买家进店也是很难转化的,甚至很可能被系统降权。

(二)宝贝标题的优化

1. 标题优化时机

标题优化不是说改就改的,通常在搜索流量出现明显下滑时或者标题某些关键词出现违规的情况(如用了品牌词被投诉),就要着手来修改标题,如图5-3所示。

图 5-3　宝贝标题优化

2. 如何优化标题

对于零销量、零评论的新品，我们在选择关键词时应该选用长尾关键词，这是为了减少竞争对手，增加精准流量，积累权重；宝贝上架一段时间后出现流量瓶颈，需要将原有权重较低的长尾关键词替换成组合词，来扩大流量入口；而当宝贝到了生命周期末期时，可以选择热词来发挥宝贝余热，减缓衰退速度。

3. 标题优化注意事项

每次替换的幅度不要太大，基本上替换两三个词就可以，替换关键词尽量在流量较少的时间进行操作。此外，标题修改频率不要太频繁，短时间内频繁修改操作，可能会被系统误判为违规行为，导致被降权。

4. 适合的场景

标题修改不是能够随意进行的，而是要分清楚在哪些场景下才有必要对宝贝进行重新编辑和修改，如流量出现持续下滑的时候、推出新活动的时候、出现强劲竞争对手的时候。

标题优化的效果取决于优化后的表现，如果优化后的表现高于优化前，则标题带来的效果会越来越好；反之，则会变差。优化标题的前提是看标题优化的过程是否合乎逻辑。

三、宝贝类目优化

类目优化主要是指在宝贝上传时的类目选择和内容设置，根据商品类目的关键词匹配商品标题的关键词，从而提高商品与标题的匹配，提高店铺浏览量。

（1）类目优化。

卖家在发布商品时，首先要根据商品的属性选择对应的类目。以女鞋为例，女鞋是一级类目，低帮鞋、高帮鞋、帆布鞋、凉鞋、拖鞋为二级类目，根据商品的属性选择不同的类目，如果商品同时具有拖鞋和凉鞋两种属性，可以同时放在两个二级类目中，如图5-4所示。

图5-4　类目优化

（2）设置详细的商品类目和商品属性。

在设置商品类目和商品属性的时候，通常要尽可能地去填写商品信息，做好细节内容的填写。商品类目和属性的合理性与完整性对商品的综合排名会产生一定的影响，描述详细的商品，可以更好地定位目标消费人群。

（3）商品类目与标题对应。

在确定好商品类目后，可以在宝贝标题中包含相关类目词。商品类目中的关键词必须与标题中的关键词相匹配，如果在类目中选择了女裙，在商品标题中出现了女皮鞋等关键词，会被淘宝认定为与类目不符，从而会被降权处理。

四、宝贝价格优化

商品的价格定位需要综合考虑各种因素。包括市场环境、销售策略、进货渠道和买家心理等，合理的商品定价可以提升商品的综合排名。价格一旦确定，就不能再修改，这个关系到宝贝权重问题，但是在某些情况下，价格是可以修改的，如店铺活动或者宝贝确定清仓后整个链接要下架的时候，这时用工具设置一个优惠价格来达到修改价格的目的。

那么应该如何修改价格呢？第一就是要与同行进行比较，在考虑成本的前提下，保证有合理利润，薄利多销是可行的，但亏本做买卖，就要避免了，除非是清仓大甩卖，要尽量减

少损失；第二就是调整后要与原价格在同一区间内，如果不在同一价格区间内，则其在新的价格区间中的竞争力没有其他对手的强劲，因为原来积累下来的权重在新的价格区间中是无效的。因此随着价格的变化，商品搜索流量自然大幅下降。

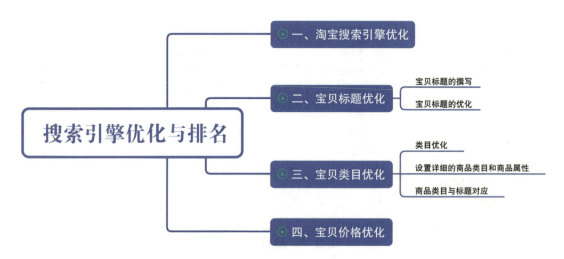

任务 5.2　淘宝直通车

理论指引

淘宝直通车是为专职淘宝和天猫卖家量身定制的，是一种按点击量付费的营销工具，可为卖家实现宝贝的精准推广。它是由阿里巴巴集团下的雅虎中国和淘宝网进行资源整合后推出的一种全新的搜索竞价模式。

一、淘宝直通车的概念

淘宝直通车是一款帮助卖家推广商品或店铺的营销工具。卖家通过对买家搜索关键词的展现位置出价，从而将宝贝展现在高流量的直通车展位上，也可以自行选择在哪些买家面前展现商品，让宝贝在众多商品中脱颖而出，如图 5-5 所示。

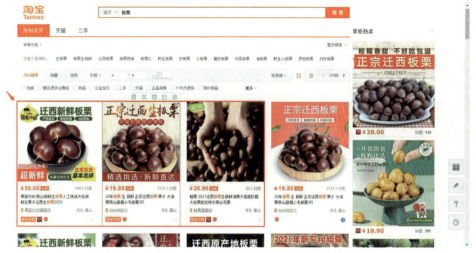

图 5-5　淘宝直通车推广

淘宝直通车的竞价结果不仅可以在雅虎搜索引擎上显示,还可以在淘宝网以全新的图片+文字的形式显示。每件商品可以设置 200 个关键词,卖家可以针对每个竞价词自由定价,并且可以在雅虎和淘宝网上看到排名位置,排名位置可用淘大搜(一个为淘宝店商家提升信誉以及解决各种问题所开发的全自动互动查询操作平台)查询,并按实际被点击次数付费(每个关键词最低出价为 0.05 元,最高出价为 99 元,每次加价最低为 0.01 元)。

二、淘宝直通车的作用

直通车是淘宝网为各大卖家推出的一款点击付费的引流工具,这是最基本的一个常识。它的主要作用有引入流量、提升店铺转化率、品牌曝光。

三、淘宝直通车的核心

淘宝直通车的核心有六点:关键词、人群、推广平台、投放时间段设置、投放地域和推广创意图。

1. 关键词

关键词是直通车最不可或缺的核心,淘宝直通车开得好不好,一半在于商家设置的关键词,通常选择关键词的方法是以宝贝本身的材质、使用场景、使用的人群等来挑选的。关键词与产品的相关性直接影响关键词的质量分,而关键词的质量分又直接影响商家的出价,所以合理地挑选和延伸关键词,是淘宝直通车操作的重中之重,关键词的相关性越高,就越容易得到收藏和加购,而且对店铺法人权重的提升也越快,如图 5-6 所示。

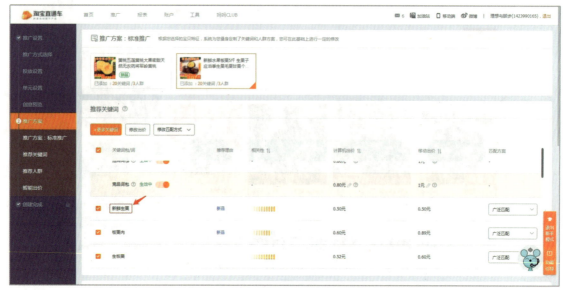

图 5-6　选取关键词

2. 人群

如果了解宝贝通常卖给什么样的人，人群的选择也就越精准，通过商品购买人群的年龄段、购物习惯、消费的能力、是否喜欢优惠等去做人群的打标，可以圈定相对精准的人群，从而去除部分不精准的流量，提高店铺的点击率、转化率等数据，如图 5-7 所示。

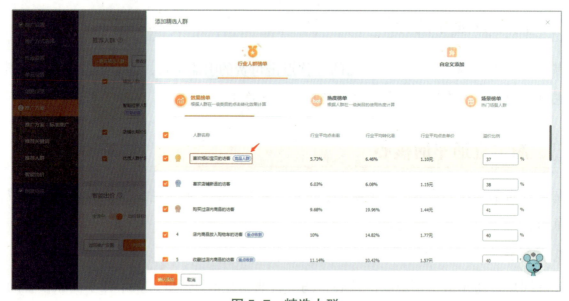

图 5-7　精选人群

3. 推广平台

选择推广平台如图 5-8 所示。

图 5-8　选择推广平台

4. 投放时间段设置

投放时间段设置是否合理，也直接影响店铺投放效果的好坏，如果投放比例设置不合理，则很容易导致提前下线或流量出不去，所以合理地测试和设置投放时间段是非常重要的，如图 5-9 所示。

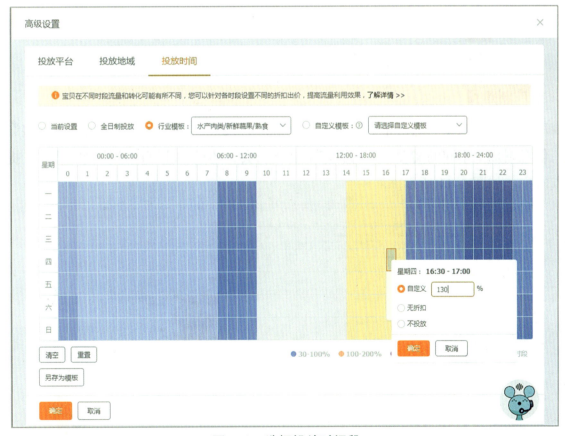

图 5-9　选择投放时间段

5. 投放地域

投放地域在淘宝直通车里也非常重要，很多地方是产业带，所以难免会有同行恶意点击，而且合理设置投放地域，投在相对流量多、转化较好的地域，淘宝直通车的数据也会更好，如图5-10所示。

图5-10　选择投放地域

6. 推广创意图

推广创意图直接影响点击率，所以好的创意图、文案、清晰度、表达的意境直接影响点击率，创意图加上不同的文案可以有更多的展现机会，还可以测试图片质量的优劣，提高整体的点击率，如图5-11所示。

图5-11　设置创意图片和创意标题

项目 5　店铺推广

四、淘宝直通车推广步骤

1. 找到推广选项

打开千牛 App 端，输入账号，登录淘宝，进入卖家中心页面，在"营销中心"里找到并单击"流量推广"按钮，如图 5-12 所示。

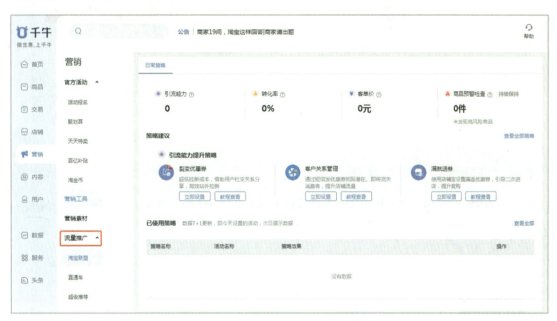

图 5-12　营销中心——流量推广

2. 找到"直通车"按钮

在页面右侧找到并单击"直通车"按钮（图 5-13）。若未订购直通车则直接跳转到订购页面；若已订购，则进入直通车操作平台首页（图 5-14）。

图 5-13　"直通车"按钮

图 5-14 淘宝/天猫直通车登录页面

3. 找到"新建推广计划"按钮

进入淘宝直通车首页，单击页面左侧导航栏中的"推广计划—标准推广"按钮，再单击"新建推广计划"按钮，如图 5-15 所示。

图 5-15 "新建推广计划"按钮

4. 选择标准推广

选择推广方式，用户可根据自身需求选择智能推广或标准推广，如图 5-16 所示。

图 5-16 选择标准推广

5. 投放设置模块

投放设置模块的设置（图5-17），包括计划名称、日限额、高级设置（投放平台、投放地域、投放时间）等。

图5-17 投放设置模块

6. 单元设置

添加需要推广的商品后，单击"确定"按钮即可添加宝贝，如图5-18所示。

图5-18 添加宝贝

7. 创意预览

此模块默认使用主图作为创意主图，可以在新建完成后在创意板块中进行更换设置。可在此处设置是否开启智能创意，即单击"进一步添加关键词和人群"按钮，如图 5-19 所示。

图 5-19　创意图上传后的预览效果

8. 添加关键词

此处可选择需要推广的关键词进行推广，在修改价格页面，对计算机端和手机端用户自定义出价；选择匹配方式（分为精确匹配和广泛匹配两类，其中精确匹配需要关键词和推广词完全一致，广泛匹配是关键词和推广词包含相似的都可以匹配），如图 5-20~ 图 5-22 所示。

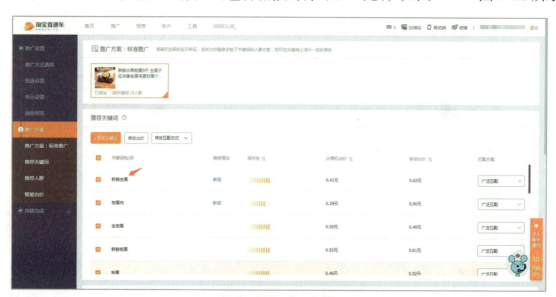

图 5-20　添加关键词

项目 5　店铺推广

图 5-21　关键词详情

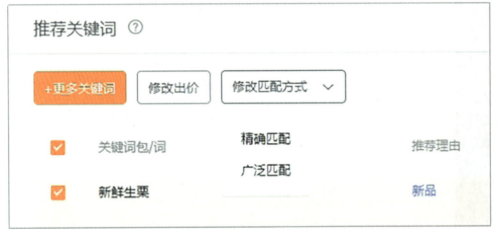

图 5-22　推荐关键词

9. 选择投放人群

即根据推广需求来选择合适的推广人群，如图 5-23 所示。

图 5-23　选择投放人群

113

10. 设置智能出价

智能出价工具是一款根据出价目标，针对不同质量的流量动态溢价的工具。开启智能出价后，系统将提高高质量流量的溢价，降低低质量流量的溢价，在保障转化效果的前提下，尽量达成卖家的出价目标，如图5-24所示。

图 5-24　智能出价页面

11. 完成推广的设置

单击"完成推广"按钮，完成推广计划的设置，如图5-25所示。

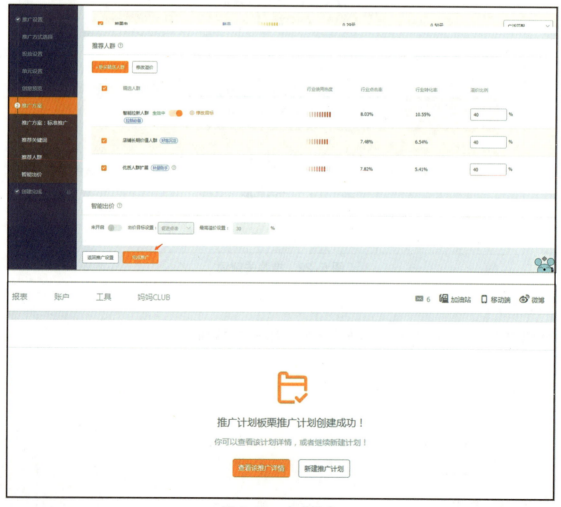

图 5-25　完成推广

项目 5 店铺推广

 小结

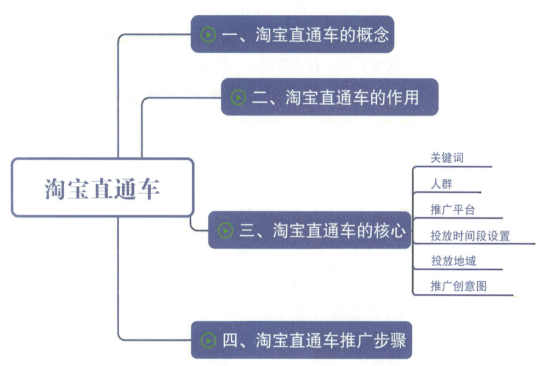

任务 5.3 钻石展位

理论指引

钻石展位是阿里妈妈旗下的营销产品，可以帮助商家轻松完成店铺日常引流、活动促销、品牌宣传、客户管理等营销任务。

一、钻石展位原理

钻石展位是一个面向全网精准流量实时竞价的展示推广平台，以精准定向为核心，为商家提供精准定向、创意策略、效果监测和数据分析等一站式全网推广投放解决方案，帮助商家实现更高效、更准确的全网数字营销。

115

二、钻石展位主要展示位

钻石展位（图5-26）是淘宝网图片类广告位竞价投放平台，是为卖家提供的一种营销工具。钻石展位依靠图片创意吸引买家点击，获取巨大流量。

钻石展位是按照流量竞价售卖的广告位，计价单位为CPM（每千次浏览单价），按照出价从高到低进行展现。现有淘宝首页、各频道页、一淘首页、旺旺每日焦点、各功能页、搜索页和促销名店页等共143个广告位。卖家可以根据群体（地域和人群）、访客、兴趣点三个维度设置定向展现。

图5-26　钻石展位

三、钻石展位收费方式

目前钻石展位有两种计费方式，按展现付费（CPM）和按点击付费（CPC）。

1. 按展现付费

按照每千次展现收费，仅点击则不收费，即广告所在的页面被打开1 000次所需要收取的费用。按照竞价高低进行排名，价高者优先展现。如卖家出价6元，那么广告被人看过1 000次则收取6元。钻石展位系统会自动统计展现次数，并在钻石展位后台报表中给予反馈，不满1 000次的展现系统自动折算收费。

$$实际扣费 = 按照下一名CPM结算价格 + 0.1$$

2. 按点击付费

按照CPC竞价收费，即展现免费，点击付费。点击付费将投放模式下的"点击出价"折算成"千次展现的价格"。折算后的CPM出价与其他商家进行竞争，价格高的优先展示。

四、钻石展位服务的内容

1. 品牌展位

品牌展位版基于淘宝每天数千万访客和精准的网络购物数据，帮助卖家更清晰地选择优质展位，更高效地吸引网购流量，达到高曝光、高点击的传播效果。

钻石展位为卖家提供 200 多个淘宝网内最优质展位，包括淘宝首页、内页频道页、门户、帮派、画报等多个淘宝站内广告位，每天拥有超过 8 亿展现量，还可以帮助客户把广告投向站外，涵盖大型门户、垂直媒体、视频网站、搜索引擎、中小媒体等各类媒体展位。

2. 智能优化

智能优化版是以实时竞价为核心的全网竞价产品，是高效的跨媒体流量中心，可导入更多优质的全网流量，而且每个流量被明码标价，系统通过兴趣点定向、访客定向和人群定向技术使流量与广告主进行有效匹配。卖家只要提交需求，系统就可以智能化地为其匹配更精准的人群，有效提升广告的点击率和 ROI（投资回报率）。

五、钻石展位推广形式

1. 单品推广

（1）适合热卖单品和季节性单品。

（2）适合想要打造爆款，通过某个爆款单品带动整个店铺的销量的卖家。

（3）适合需要长期引流并不断提高单品页面的转化率的卖家。

2. 活动店铺推广

（1）适合有一定活动运营能力的成熟店铺。

（2）适合需要短时间内大量引流的店铺。

3. 品牌推广

适合有明确品牌定位和品牌个性的卖家。

六、钻石展位投放步骤

（1）选择广告位。

（2）根据广告位的尺寸设计创意并上传。

（3）待创意审核通过后，制作投放计划。

（4）充值。

（5）完成投放。

七、钻石展位创意制作

1. 制作方法

可通过 BM（Banner Maker）进行创意制作。BM 是一个简单的在线创意平台，可以即时生成网络广告牌。卖家不需要具有任何设计经验即可通过对模板的修改和使用，快速制作各种自定义广告牌。

2. 制作技巧

（1）主题：主题要突出，主打品牌定位或促销信息。

（2）文字信息：字体和颜色不能超过3种；信息表达明确；文字创意与图片相结合。

（3）色彩搭配：创意主色不要超过3种。

（4）排版布局：黄金分割并适当留白。

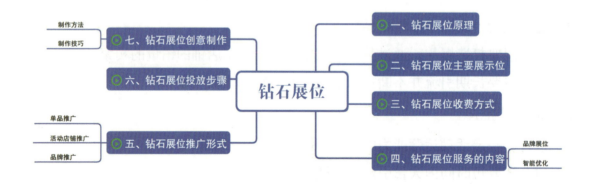

任务 5.4　微信推广

理论指引

微信作为一种社交工具，不存在距离的限制，注册微信后，用户可与周围注册过的"朋友"联系，还可以通过微信订阅自己需要的信息。商家可以通过向用户提供需要的信息，推广自己的产品和自己的店铺。那淘宝店铺是如何利用微信来进行推广的呢?

一、了解微信推广

微信推广是基于微信生态体系,整合朋友圈、公众号、小程序等多重资源,结合用户社交、阅读和生活场景,利用数据算法打造的信息流广告投放平台和互联网社交营销推广平台。

1. 微信头像

头像既是卖家的名片,也是卖家的Logo。当你的口碑很好,别人都很认可的时候,他们看到你的头像会有一种安全感和可靠感。你给别人的第一感觉是从头像上体现出来的,头像不能经常更换,保证你的形象统一性,这相当于是你的品牌。

2. 微信名字(昵称)

微信名字要简单易记、朗朗上口。如果你是××团队的成员,起名字的时候也要起一个顺口好记的,如用名言、成语、有内涵或者文艺型的名字,不可使用太长的名字。

3. 刷屏的时间段(黄金时间段)

刷屏的时间段通常有三个,如图5-27所示。

(1)6:00—8:00:醒来的第一件事情就是在朋友圈浏览错过的内容,一线城市的打工人通常坐地铁时浏览。

(2)11:00—14:00:这段时间午餐或午休,忙碌了一上午也会选择朋友圈互动。

(3)18:00—22:00:一天中最放松的时刻,很多人在这个时间段上微信,吃晚饭时、睡觉前都是微信使用的高峰期。

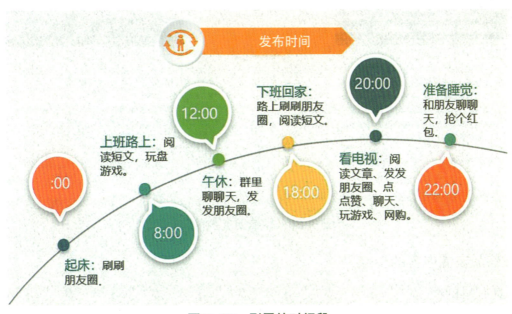

图 5-27 刷屏的时间段

4. 发布的内容

在微信朋友圈发布的内容一定要真实而且积极、健康向上，这样才能吸引你身边的人观看，你发出的每一张图片、每一段文字都代表了个人形象。要发布积极的内容，分享个人心得和生活经验、商品的使用心得、工作内容。

（1）切勿刷屏：这里所讲的刷屏是只发一种形式的微信，如发布产品的微信，只有衣服图片、尺码和颜色介绍，建议一小时内不要发超过两条微信。

（2）切勿只发广告：在微信上除了宣传你的商品外，没有其他内容，这是一个很大的忌讳，应该生活和工作相结合，个人的和商品的都要兼顾。

（3）切勿内容空洞：一天要发布很多款商品微信，切记只是简单、重复地发布，可以每天换着花样发布不同形式的朋友圈，这样才不会让别人觉得枯燥无味。

二、微信推广方式

（一）微信朋友圈推广

微信朋友圈推广拥有超百亿的流量资源，商家跟客户不是好友关系，也可通过腾讯大数据的筛选把广告植入精准客户群中，可以将门店的地址、介绍、活动等信息精确推广至门店周边 0.5~5km 范围内的人群，增强所在地区人群对商户品牌的认知度，吸引他们到店消费，如图 5-28 所示。

图 5-28　微信朋友圈推广

1. 微信朋友圈内容的特点

（1）具有目的性。

发朋友圈的目的是让别人点赞和评论，所以这就要求我们在编写朋友圈文章内容的时候切勿做拿来主义，应该发表原创朋友圈内容，因为只有原创才会有差异性、新鲜感和吸引力。

同时对待不同的场景需要不同的表达方式，要有针对性、目的性，不能千篇一律。比如"90后"喜欢好玩一点的东西，对于"70后"如果也发一些好玩的东西对他们是没有吸引力的，这个时候需要一些更严谨的东西去打动他们。总之，就是根据客户情况，有目的地编辑朋友圈内容。

（2）加强互动性。

在朋友圈晒成绩、晒收入、晒效果、晒反馈这些都可以成为大家互动的渠道。你发的广告总会戳中一些人的痛点，这时他们就会来找你咨询，记得平时有空的时候也要去他们的朋友圈点赞，评论一番，互动多了自然也就熟悉了。

（3）增强娱乐性。

抓住用户优惠心理，偶尔做一些有奖励性质的互动，比如发表一个动态，然后在动态里说明第8个、18个、28个等点赞的人即有红包。

在活动安排上，让客户感受到惊喜和刺激，尽量让每次活动都不一样，保持新鲜感，一方面可以刺激新客户快速提升对你的信任度；另一方面也能增强对老用户的吸引力。

（4）塑造个人品牌。

你的微信不能只发产品的宣传内容，还要分享你的个人生活感悟，让别人知道你是一个怎样的人。分享的内容必须是正面的、积极的，塑造你的个人品牌。比如你懂电子商务、会打扮、擅长写文章等，你最好定时和客户分享你的观点与干货以获得更多好感。

（5）利用情感策略。

微信好友对你产生了好感后，就可以利用他们对你的好印象进行推销，要循序渐进，不要一天发很多宣传广告，这样很容易让客户反感。

2. 朋友圈照片特点

一个好的仪容仪表或精神面貌应该给人以一种舒适的状态，如图5-29所示。

（1）清晰。清晰是照片的最基本条件。

（2）品位。同样一道菜，不同的角度拍出的味道是不同的。拍照时要讲究，不要随手一拍就发朋友圈。这样别人会觉得你没有品位层次，对生活十分随意。

（3）修饰。照片要修饰下再发。这里的修饰不光是"照片美颜"，更是对自己外在形象的一种状态修饰。例如，朋友圈的九宫格图片可以采取色调统一的形式。

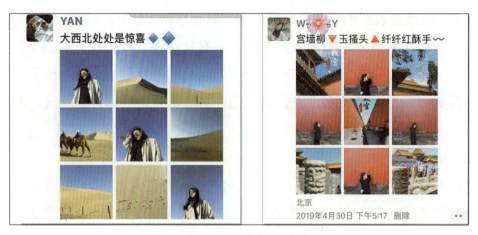

图 5-29 朋友圈照片

（二）微信群推广

借助微信进行店铺推广，首先需要提高群活跃度，才能让"粉丝"对你有印象。就算现在不想买你的商品，但是只要某一天有需求，就会立刻想到你。

1. 提高群活跃度

提高群活跃度的方法如图 5-30 所示。

互动口号	对网络故障、操作错误、应用程序错误、硬件故障、系统软件错误及计算机病毒所产生的潜在威胁加以控制和预防，以保证贸易数据在确定的时间、确定的地点是有效的。
发红包	这是效果最好的提高群活跃度的方法，钱不用多，发几元就够了。发红包时去群里看信息的人是最多的。此时一定要趁机打广告，发挥最大的价值。
聊天唱歌	发挥你的先天优势，在群里面聊天尽量用语音，尤其是声音甜美的美女，每个男人都喜欢听，也可以唱歌逗"粉丝"们开心。
做游戏	也可以在群里面和"粉丝"做游戏。比如真心话大冒险、爆照等。
第三方宣传	做广告宣传时，如果有第三方出来捧场，"粉丝"的购买欲望就会非常强烈。真实的客户在群里面捧场，发些产品的真实反馈，效果会比你打广告强一百倍。

图 5-30 提高群活跃度的方法

2. 查找并添加微信群

（1）搜狗搜索。

搜狗搜索已经被腾讯收购，所以开放了微信搜索入口，微信公众号发布的内容，都可以在里面搜索出来。很多公众号会有"粉丝"群、读者群，尝试去找一下，看看里面是否有适合我们的产品或者项目。

（2）百度搜索。

百度搜索一下，在搜索引擎里面，也能找到很多微信群并申请加入。

（3）付费社群。

每个行业中都有你的同行，也会有对标的产品，付费社群中的人，都是花钱进去的，所以比免费社群的价值更大。

小结

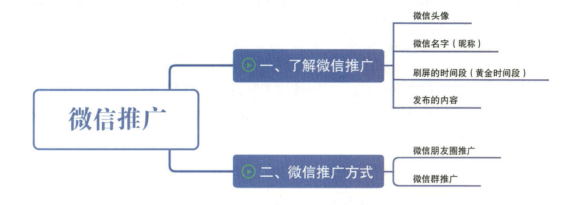

任务 5.5　店铺直播

理论指引

在 2019 年，电子商务直播迎来了一场场"丰收"，许多业内人士也称 2019 年是"直播电商元年"，那么，直播电商的全面上位之年，就极有可能为 2020 年。在新冠肺炎疫情的影响下，许多线下的实业行业大受冲击。例如餐饮业就在不断被爆出店铺倒闭，甚至有些连锁经营的餐饮店也岌岌可危；服装、彩妆等品牌在短时间内也会因商场的关停而难以快速恢复如初，所以各个行业都急于转战线上销售。淘宝总裁蒋凡曾表示："直播已经可以带来年度千亿的成交额，已经不再是点缀，而是成了商业模式的主流。"

一、店铺直播简介

店铺直播顾名思义就是店铺进行的直播。为了增加客户的体验感，通过直播展示商品，通过运营来稳定宝贝流量。店铺直播需要主播有独特的个性，以及优质商品与优惠信息的宣传。店铺直播要求产出优质的直播内容以提升互动氛围及客户黏性；内容要有主题性和内容性，而且对主播素质和互动技能要求较高。

直播成功案例分析：如开蚌类直播、娱乐直播，购物反而成了次需求，这个就更像 INS 上面的先娱乐后购物，或者是娱乐之余顺便购物。这种直播过程显得非常轻松愉快。

二、店铺直播的特性

1. 互动感

在一些海淘直播中，互相交流，选择看中的物品，又可以体验现场购物的感觉，购物过程会比较愉悦。

2. 即时性

主播承载了线下导购的角色，线下门店转化率普遍可以达到60%~70%，而且获取方式多样。台式机、笔记本电脑、平板电脑、智能手机等都可以实现淘宝直播内容的获取及在线即时观看直播，受众广泛。

3. 趣味性

这个就和淘宝的主播有关了，很多淘宝主播能说会道，在直播的时候不光为客户展示商品，还有一些直播时候的语言技巧。在能够娱乐大众的时候将产品销售出去，趣味性是很重要的环节。在说说笑笑之后，买家会更加愿意购物。

4. 信任感

将商家和买家的关系拉近，有着更加直接的交流。使买家进一步了解商品和商家，那么对于商品本身来说，就会有更大的展示空间，买家也会更加愿意购物。

三、店铺直播的优势

淘宝作为最早开始接触电子商务直播的平台，根据自身的优势可以把销售与直播相结合。淘宝电子商务直播作为目前最受欢迎的电子商务结合直播营销平台之一，被买家的目光聚集，具有传统电子商务与线下销售无法比拟的优势。

（一）自带"交易属性"，超高购买转化率

店铺直播其核心在于商品，定位为"消费类直播"。因此，店铺直播的客户其目的就是买家，客户都是围绕商品进来观看直播的，抱有这样的心理，客户更容易接受商品进而购买，可以大大提高销售量。

2019年，淘榜单和淘宝直播制作的《2019年淘宝直播生态发展趋势报告》在店铺直播盛典上重磅发布。报告显示，淘宝电子商务直播已经发展成为互联网时代具有发展潜力的新兴产业，如图5-31所示。

项目 5　店铺推广

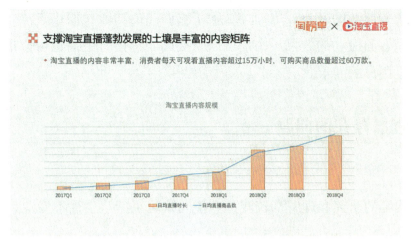

图 5-31　支撑淘宝直播蓬勃发展的土壤

（二）为用户提供真实的体验感

淘宝电子商务直播为用户营造真实的购物场景，突显出传统电子商务无法媲美的优势。在传统的电子商务时代，商品一般通过图片和文字的方式展示在消费者面前，虽然有一部分商家采用短视频的方式展示商品的特性，但商品的信息还是会有所遗漏。另外，描述商品的文字、图片等都是经过精心编辑、修改之后才上传到平台的，这样会使用户不能真正了解产品，对商品的质量有所怀疑。淘宝店铺直播恰恰完善了传统电子商务的不足之处，打破了产品质量与用户之间的信息不对称。在直播过程中没有第二次机会，商品的一个小细节乃至主播的一个小失误都是直播的一部分，在直播的回放中也会毫无保留地呈现在用户的眼前，用户可以通过即时留言方式，与主播进行交流互动，给买家增加了更多的真实感和体验感，营造出一种开放式的场景对话，缩短了主播和用户之间的距离，如图 5-32 所示。

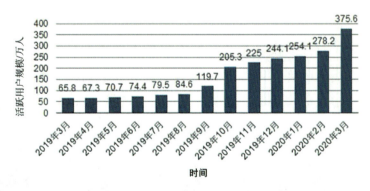

图 5-32　2019—2020 年中国淘宝直播 App 活跃用户规模变化趋势

（三）信息双向流动，互动性强

店铺运用直播的方式吸引用户，使商品与用户紧密联系在一起；同时，与用户进行进一步的互动和交流，达到信息双向流动。商家可以通过淘宝直播将商品信息传递给用户，让用户真真切切地感受到商品的魅力，更加详细地了解商品的功能及使用方法。店铺直播通过即时通信，达到信息双向流动的效果。用户可以直接询问主播，主播也可以根据用户的需求进行及时解答，满足用户的需求。

四、店铺直播存在的问题

1. 内容

对店铺直播内容的研究和理解都较浅，直播间缺乏氛围、主播不专业，素质参差不齐。

2. 活跃度

无法随时跟进直播平台端的信息和规则，没有渠道获得应有信息，不能在恰当的时间进行有效宣传互动。

3. 数据

缺少数据分析，如预算销量、人流量、自有流量、投放量、实时销量等。

4. 流量

忙于货品运营，没时间专注店铺直播，而品牌直接运营需要大量的人力、物力。

五、店铺直播策略

店铺直播策略如图 5-33 和图 5-34 所示。

1. 主播人设

根据主播人设、性格，如轻奢女性/宝妈/潮男/双胞胎/夫妻等，发布相关一致的内容。

2. 现场布置

包括直播场地选择，直播间设备采买，灯光设计，直播间装修。要有符合产品风格的背景，明亮的灯光，摄像头、收音、网络等设备的准备，好的封面是好的直播的开始，同时还需要优惠券活动的标签版贴片、直播看点等。

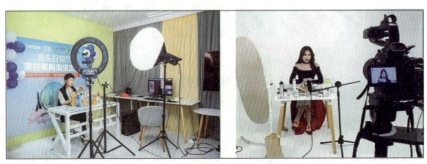

图 5-33 店铺直播策略（一）

3. 专业技能

学习天猫官方的直播规则、流程，观看天猫直播小二给的直播培训教程。对专业性较强的品牌店铺，培训相关专业技能参加各种直播培训，学习成功的方法论。优化直播货品策略，直播脚本、营销策略、直播数据监控优化。

4. 脚本和直播主题策划

策划直播内容和直播主题，如上新直播规划、日常直播策划、清仓直播规划、活动直播规划、价格营销、价值营销等。

图 5-34　店铺直播策略（二）

 小结

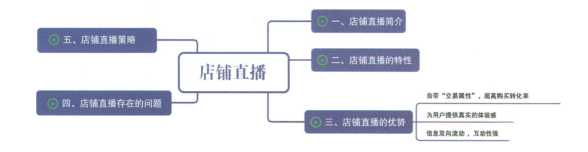

项目6

店铺日常管理

 学习目标

知识目标

1. 掌握宝贝的分类技巧；
2. 掌握宝贝信息修改的方法；
3. 掌握淘宝子账号的管理方法。

能力目标

1. 能熟练地对出售中的宝贝进行管理；
2. 在商品交易过程中，能对订单信息进行相应处理。

情感素养目标

培养学生的店铺运营管理能力。

项目6 店铺日常管理

 任务描述——做好日常管理，你也可以创造佳绩

为鼓励和扶持日照市五莲县电子商务产业发展，带动大众创业、万众创新，日照市五莲县电子商务服务中心致力于为该县广大有志青年搭建电子商务创业平台，五莲县许孟镇的"90后"回乡创业青年小孙借助这一平台，在入驻不到100天的时间里，就实现了营业额超过100万元的佳绩。

随着各类平台规则的不断成熟和完善，越来越多的网店如同雨后春笋一般冒了出来，但是出成绩或者持续有好的业绩的网店却不多。有很多新农商就有疑问，我的店铺美工与推广引流都做得不错，为什么业绩却上不去呢？这些店主虽然做到了"让客户找到我"（引流）和"让客户喜欢我"（视觉），却忽略了最重要的"让客户爱上我"（网店日常维护管理），而这更是需要有足够耐力才能坚持的。

网店日常的维护和安排，带来的不仅仅是流量，还有一个个有效的客户。只有做好网店每日的安排和维护，每天上下架的产品销量才会稳定地提升，整体店铺的效益也会得到质的飞跃。

任务6.1　商品管理

理论指引

在顺利开设店铺并上架商品之后，为了给买家提供更好的服务，也为了能够更好地管理店铺和商品，卖家需要对商品进行相应的管理。根据商品的不同状态，卖家需要对出售中的宝贝、仓库中的宝贝或者宝贝的其他状态进行不同的管理。为了让买家和卖家更快、更准确地找到相应的产品，我们还需要对商品进行正确地分类，研究商品分类的具体设置。

一、出售中的商品管理

在售商品即出售中的商品是直接面向消费者的，所以我们要对出售中的商品进行管理，做到每项设置都力求准确无误，能够全面、准确地展现商品的各项信息。

操作步骤：登录淘宝账号，进入"卖家中心"页面，在"宝贝管理"栏中单击"出售中的宝贝"按钮，进入页面后即可进行相应的操作，如图6-1所示。

图 6-1 出售中的宝贝选项

1. 查找商品

当需要对店铺中的某个产品进行查看时,如果在店铺中逐个浏览会很麻烦。这时候,就可以填写"出售中的宝贝"页面中的相关信息,然后快速、准确、高效地找到相应的商品进行查看。

第一步:单击"出售中的宝贝"按钮进入页面。

第二步:填写"宝贝名称"。如果宝贝的名称很长,只填写宝贝的关键词即可。

第三步:填写其他项目。为了更快地找到商品,也可以填写"商家编码",选择"宝贝类型",填写"价格区间",填写"总销量区间",选择"店铺中分类",填写"宝贝设置"等。

第四步:单击"查询"按钮,即可找到相应的宝贝,如图 6-2 所示。

图 6-2 搜索出售宝贝

2. 修改库存

随着商品不断卖出，库存数量也会不断发生变化。但由于买家退货、卖家对库存数量把握不准确等原因，库存数量可能会出现高于或低于实际库存的情况，这对交易是非常不利的。所以需要对商品的库存进行及时调整，以保证库存准确。

第一步：单击"出售中的宝贝"按钮进入页面。

第二步：在需要调整库存的商品信息中找到"库存"，单击"编辑库存"按钮，打开对话框，修改当前的库存数量，在文本框中填写准确的实际库存数量。

第三步：单击"保存"按钮就可以看到调整后的库存数量，如图6-3所示。

图6-3　修改库存数量

3. 修改价格

商品由于各种原因，可能在不同时期会有不同的价格。我们要根据实际情况对产品的价格进行调整，具体操作如下。

第一步：单击"出售中的宝贝"按钮进入页面。

第二步：找到"价格"，单击"编辑价格"按钮，打开对话框。这时，可以对商品的"一口价"和不同的SKU（商品属性）价格进行调整，在需要调整商品价格的文本框中设置新价格。

第三步：单击"下一页"按钮，如图6-4所示。

图 6-4 修改宝贝价格

4. 设置运费

可以根据不同情况对运费进行修改。

第一步：单击"出售中的宝贝"按钮进入页面。

第二步：找到相应商品，选中需要修改运费的商品前面的复选框，单击"设置运费"按钮，进入页面后再单击所需的运费模板后的"应用该模板"按钮，如图 6-5 所示。

图 6-5 设置运费内容

5. 下架商品和删除商品

当商品销售完或者其他原因，临时不再销售某些商品时，可以将这些商品下架。如果某些商品销售完后不再生产了，则可以删除这些商品。

第一步：找到需要下架或者删除的商品。

第二步：选中该商品前面的复选框。

第三步：根据需要选择"下架"按钮或者"删除"按钮，如图6-6所示。

图6-6　删除商品

二、仓库中的商品管理

没有上架的商品都被放置在"仓库中的宝贝"中，这些商品包括卖完的商品、因故不能上架的商品、待处理的违规商品等。另外，还要及时查看仓库中的宝贝，根据实际情况和需要对其进行各种管理。

操作步骤：打开"卖家中心"页面，单击左侧"宝贝管理"中的"仓库中的宝贝"按钮，进入仓库管理页面对其进行更新。

1. 商品上架

第一步：单击"仓库中的宝贝"按钮，选中上架商品前面的复选框。

第二步：单击"上架"按钮。

第三步：在"出售中的宝贝"页面查看上架商品信息，如图6-7所示。

图6-7　宝贝上架查询

图 6-7 宝贝上架查询（续）

2. 违规商品处理

第一步：选择"查看被下架的违规宝贝"超链接。

第二步：打开"体检中心"页面。

第三步：查看违规商品。

第四步：修改违规商品信息，待符合条件后可以再次上架，如图 6-8 所示。

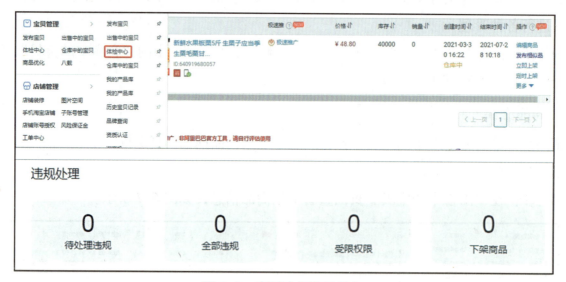

图 6-8 查看违规商品信息

三、设置商品分类

商品分类是为了让买家在最短的时间内，准确地找到自己所需的商品，从而提高购买效率和准确性。这就需要卖家在发布商品的时候，对商品的类别进行细致、准确地划分，从而使商品类别更加科学。

1. 添加商品分类

第一步：登录淘宝账号，进入"卖家中心"，找到"店铺管理"，单击"宝贝分类管理"选项，打开"宝贝分类管理"页面。

第二步：单击"添加手工分类"按钮，在"分类名称"下面的对话框中输入一级类目的名称"农产品"，然后单击"分类图片"下面对应的"添加图片"按钮，为一级类目添加对应的图片。

第三步：添加二级类目，单击一级类目下方的"添加子分类"按钮。在对话框中输入关键字"板栗"，然后可以继续输入其他二级类目名称"大樱桃""地瓜""花生"等。

第四步：单击"保存更改"按钮，保存刚才的设置，如图6-9所示。

图6-9　添加商品分类

2. 删除商品分类

当需要删除一些商品的分类时，可以进行以下操作。

第一步：进入"宝贝分类管理"页面。

第二步：展开需要删除的商品类目。

第三步：在要删除类别的右侧，单击"删除"超链接。

第四步：单击"保存更改"按钮，保存操作。

注意，如果要删除一级类目，要先删除其子类目，如图6-10所示。

图 6-10　删除商品分类

3. 设置商品分类

前面已经设置完成了商品的类别，现在可以将商品添加到相应的类别中，这样可以既方便买家更快地选购商品，又能够方便卖家管理店铺。

第一步：进入"宝贝分类管理"页面。

第二步：单击"宝贝管理"按钮。

第三步：选择"未分类宝贝"。

第四步：选中需要设置分类的宝贝前的复选框。

第五步：单击"批量分类"按钮，选中商品所属类别前的复选框。

第六步：单击"应用"按钮，如图 6-11 所示。

图 6-11　设置宝贝具体分类内容

4. 查看分类效果

在上述操作完成后，可以查看分类的效果。

第一步：进入"宝贝分类管理"页面。

第二步：单击"宝贝管理"选项。

第三步：选择"已分类宝贝"，单击需要查看的分类选项。

第四步：在页面右侧查看已设置的宝贝及其所属分类，如图 6-12 所示。

图 6-12　查看分类效果

项目 6 店铺日常管理

小结

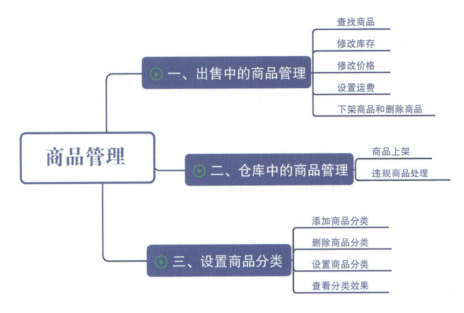

任务 6.2 交易管理

理论指引

在淘宝交易的过程中,除了正常交易之外,有时卖家还需要对订单进行相应的处理,如修改交易价格、修改运费,等待处理完后才能发货。发货之后,卖家可以跟踪物流信息,出现问题及时和物流公司沟通并解决。买家收到货后,如果没有问题,确认收货之后,会对商品进行评价。卖家也可以按照实际情况对买家进行评价。如果买家收到商品后不满意或者还发生了其他问题,等买家退货后,卖家就需要进行退款操作。

一、修改价格

在很多情况下,如不包邮的商品和包邮商品一起拍时,卖家需要在订单中减去运费,这时就需要修改订单金额。修改价格的前提是,订单已提交但是尚未付款。

第一步:进入"卖家中心"页面。

第二步:单击"交易管理"栏中的"已卖出的宝贝"按钮。

137

第三步：找到需要修改价格的未付款的订单，单击页面右下方的"修改价格"超链接，即可修改价格，如图 6-13 所示。

图 6-13　修改价格

修改价格也分为不同的情况。比如，有时候是直接给予买家一个特定的优惠价格，有时候是给产品一个特定的折扣，有时候是对满足要求的不包邮产品进行包邮而修改运费，等等。

1. 直接降价

在修改价格页面中，找到"涨价或折扣"栏，直接在折扣后面输入降价金额，如优惠 30 元，输入"–30"，然后单击"确定"按钮，如图 6-14 所示。

图 6-14　直接降价

2. 修改折扣

在修改价格页面中，找到"涨价或折扣"栏，输入给予买家的折扣，如"8 折"就输入"8"，单击"确定"按钮，如图 6-15 所示。

图 6-15　修改折扣

项目 6 店铺日常管理

3. 修改运费

在修改价格页面中，找到"快递"，在快递文本框中输入运费的金额，如需要 10 元运费则输入"10"。如需要设置为免运费，则单击下面的"免运费"按钮，如图 6-16 所示。

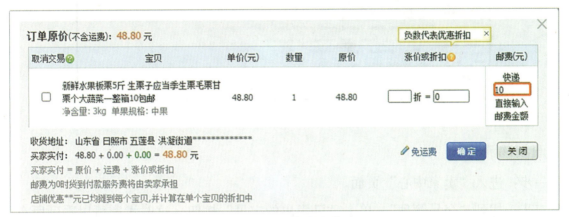

图 6-16 修改运费

二、物流查询

1. 卖家发货

卖家修改完价格，买家付款之后，卖家发货。

第一步：进入"卖家中心"页面。

第二步：找到"交易管理"，单击"已卖出的宝贝"按钮，这时卖家可以看到所有订单。

第三步：如果订单已付款，单击"发货"按钮。

第四步：打开"发货"—"淘宝网"页面，选择"自己联系物流"选项卡，输入物流公司的运单号。

第五步：单击"发货"按钮，如图 6-17 所示。

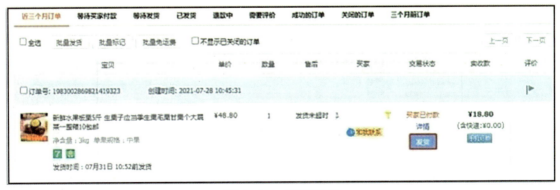

图 6-17 卖家发货

139

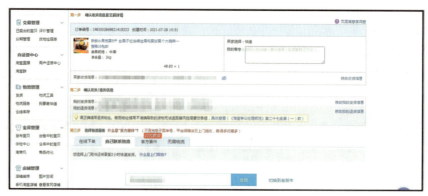

图 6-17　卖家发货（续）

2. 查看物流

第一步：进入"卖家中心"页面。

第二步：找到"交易管理"，单击"已卖出的宝贝"按钮，这时卖家可以看到所有订单。

第三步：如果订单已发货，单击"查看物流"超链接，即可看到订单的物流信息。

三、退款流程

买家由于各种原因需要退款时，买卖双方需要沟通。沟通完成后，进入退款操作流程。

第一步：进入"卖家中心"页面。

第二步：找到"客户服务"，单击"退款管理"按钮。

第三步：找到需要处理的订单，单击"退款待处理"超链接，进入退款流程。

第四步：在"退款详情"页面中，根据实际情况操作。如果同意退款，则单击"同意退款"按钮。

第五步：在"支付宝支付密码"文本框中输入卖家支付宝密码，在"校验码"文本框中输入淘宝账号绑定的手机号所收到的校验码。

第六步：单击"确定"按钮。

第七步：页面中显示"退款成功"，如图 6-18 所示。

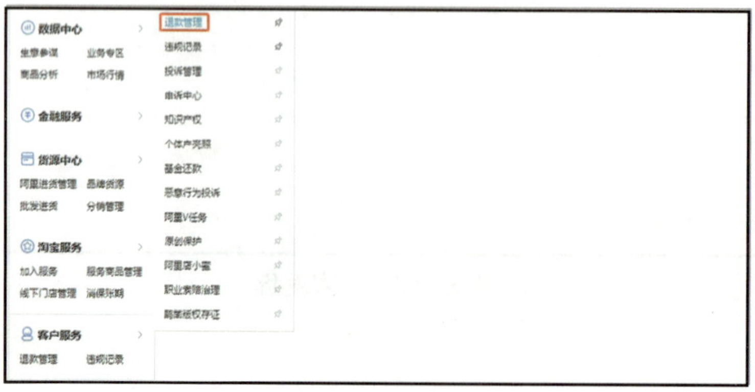

图 6-18　退款

项目6 店铺日常管理

图 6-18 退款（续）

四、评价买家

买家确认收货后，根据货物使用情况，可以对卖家进行评价，但是这个评价是在卖家回评后才能显示。

1. 评价买家

第一步：进入"卖家中心"，找到"交易管理"，单击"已卖出的宝贝"按钮。

第二步：单击"评价"按钮，如显示"对方已评"，则表示买家已对卖家进行了评价。

第三步：进入"评价"页面，根据实际情况选择"好评""中评""差评"中的一项，输入评价语。

第四步：单击"发表评论"按钮。

第五步：提交后，系统提示"评价成功"。

2. 查看买家评价

进入"卖家中心"，找到"交易管理"，单击"评价管理"按钮，此时显示"来自买家的评价"选项栏。

小结

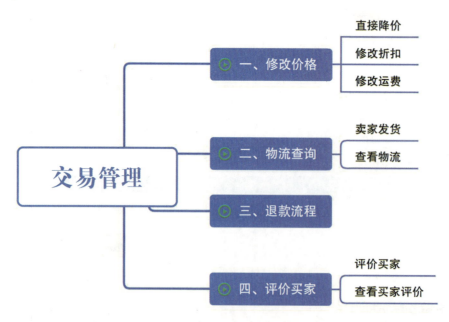

项目6 店铺日常管理

任务 6.3 账号管理

理论指引

电子商务在我国已有 20 多年的发展历程，已经涉及几乎所有行业，相关从业者也越来越多。电子商务行业已经从最初的小作坊、个人店铺这样的小规模、小成本经营，发展成正规、规范、规模化的热门专业，团队合作已成为电子商务发展的大势所趋。电子商务团队一般由运营、美工、客服、仓储等基本岗位组成，不同岗位之间相互衔接、密切配合，是保障顺畅运营的关键。

淘宝子账号是淘宝网及天猫提供给商家的员工账号服务，主要功能是对卖家员工淘宝内部行为（卖家中心及旺旺）进行授权及管理，通过开放相应权限实现与商家的内部管理系统员工账号体系打通，进而为商家提供一体化的账号管理服务并降低商家员工账号管理及使用成本。

一、子账号简介

1. 主账号与子账号

主账号是开店时实名认证过的账号，子账号是主账号创建并授权的账号。简单理解起来，主账号是给店铺的老板或实际管理者用的，掌握着店铺的所有权限。子账号是主账号创建的员工账号，根据员工的岗位不同，子账号被赋予了不同的权限，如运营可以上下架宝贝，客服可以接待客户、查看订单状态等。

主账号的名称就是开店的淘宝会员名，子账号名称的格式是"主账号:子账号名称"。比如，淘宝会员 tb12345 用这个账号开了一家店，那么其主账号就是 tb12345，子账号是 tb12345:子账号名称，其中子账号名称可以在创建时由创建者自定义。

2. 子账号的作用

子账号在主账号创建并授权后可以登录千牛 App 回复客户咨询，或登录卖家中心帮助管理店铺。同时，主账号可对子账号的业务操作进行监控和管理。通俗理解：子账号就是供店铺员工使用的账号。

3. 创建格式

主账号名 + 冒号（英文的冒号）+ 子账号名。

4. 主要功能

（1）沟通功能（与客户聊天、旺旺分流接单）。

子账号一旦创立，在没有停止的情况下，可以用子账号名和创建时的密码登录旺旺，与客户聊天。分流的意思就是在某段时间内和主旺旺聊天的很多，如果启用具有分流功能的子账号登录，一部分客户就会被分流到和子账号聊天了。

（2）店铺管理（需得到主账号的授权）。

子账号创建后，主账号给子账号授权相关的功能：商品编辑、上下架、改价、发货、退款等，子账号登录淘宝"卖家中心"即可帮助管理店铺。

二、新建子账号

1. 子账号获取

子账号是免费的，无法通过购买获得。

子账号的数量是根据店铺信用等级等综合因素确认的，可根据该页面查看子账号数量。

2. 新建入口

进入千牛 App，登录后在"千牛工作台"中的"店铺管理"选项中单击"子账号管理"按钮，如图 6-19 所示。

图 6-19　子账号管理

3. 新建流程

（1）单击"新建员工"按钮，如图 6-20 所示。

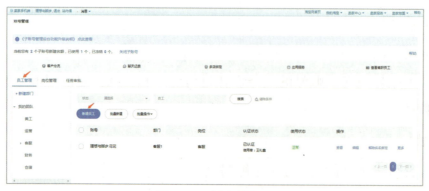

图 6-20　新建员工

（2）按照页面要求填写相关信息（包括账号名称、部门、手机号、密码），如图 6-21 所示。

图 6-21　填写相关信息

（3）选择岗位。

可选择官方的岗位或自定义创建的岗位，选择对应的岗位（图 6-22）后，该子账号会授权该岗位的权限。

图 6-22　选择岗位

（4）设置子账号权限。

若除选择的岗位包含的权限外，还需要单独授权子账号其他权限，可在此设置，如图 6-23 所示。搜索对应的权限点查找，再勾选授权（也可通过左侧的导航进行查找）。重点注意：同一个功能，不同的入口操作，需要设置不同的权限点。例如，使用退款权限需要在授权官方授权中的权限点的同时也授权千牛权限点中的退款权限。

若没有权限点可授权，则表示该功能/页面不支持授权子账号，仅支持主账号，或者该功能没有权限点控制，所有子账号都可操作。

图 6-23 设置子账号权限

（5）共享设置。

①设置共享聊天记录，并单击"确认新建"按钮即可创建子账号。

②勾选共享团队聊天记录，可查看其他子账号的聊天记录。

③勾选共享该账号聊天记录，可让其他子账号查看该子账号的聊天记录，如图 6-24 所示。

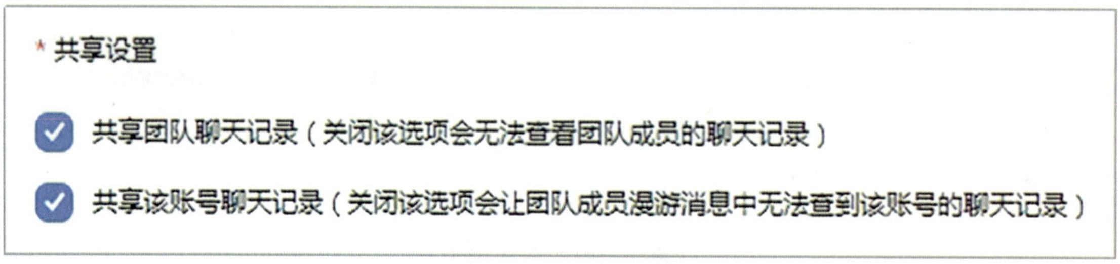

图 6-24 共享设置

三、权限及登录方式

1. 子账号授权权限的作用

在日常操作过程中，为了店铺的安全，子账号必须获得对应的权限才能正常进行操作某个功能或页面。主账号和拥有"超级管理员"权限的子账号都可以操作授权。

在卖家中心后台操作和使用手机千牛或千牛插件操作需要不同的权限点，如退款权限，卖家中心后台操作退款和用手机千牛第三方插件操作退款的权限点不一样，需要分别授权，因此建议授权时一次性授权千牛插件和卖家中心后台权限。另外，部分页面仅支持主账号操作，不支持子账号操作。

2. 子账号授权

（1）进入卖家中心—子账号管理会进入后台页面，如图6-25所示。

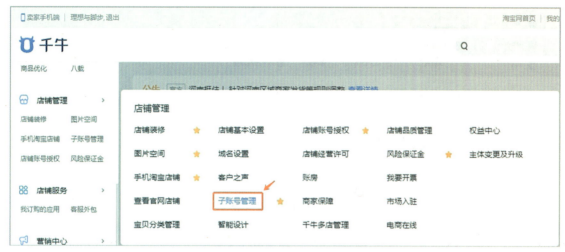

图6-25　子账号授权（一）

（2）找到需要授权的子账号，单击"编辑"按钮，如图6-26所示。

图6-26　子账号授权（二）

（3）授权子账号对应的权限点。

①可搜索对应的权限点查找，勾选授权，也可通过左侧的导航进行查找。

注意点：同一个功能，在卖家中心后台操作和使用手机千牛或千牛插件操作需要不同的权限点，如退款权限，需要授权官方权限中的权限点，也需要授权千牛权限中的权限点。

②若没有权限点可选择，表示该功能或该页面不支持授权子账号，仅支持主账号使用或该功能没有权限点控制，所有子账号都可操作，如图6-27所示。

图 6-27　子账号授权（三）

3. 子账号登录方式

（1）打开千牛账号，登录 App，选择要登录的平台，输入子账号名称和子账号密码，单击"登录"按钮，如图 6-28 所示。

图 6-28　登录

（2）登录之后，可查看后台权限（图 6-29），进行授权范围内的操作。

项目6　店铺日常管理

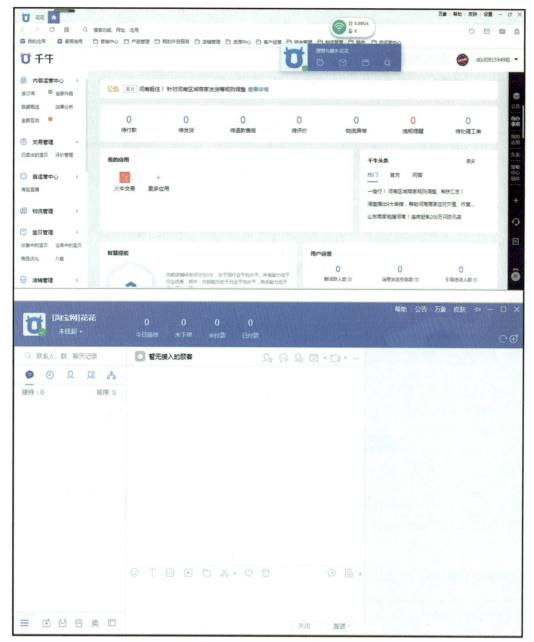

图6-29　查看后台权限

四、子账户的修改与删除

1. 修改子账号权限

修改子账号权限如图6-30~图6-32所示。

（1）单击"店铺管理"按钮下方的"子账号管理"按钮。

图 6-30 修改子账号权限（一）

（2）单击"编辑"按钮。

图 6-31 修改子账号权限（二）

（3）选择对应权限，添加或删除相应权限，确认保存。

图 6-32 修改子账号权限（三）

2. 删除子账号

员工离职后，其使用过的子账号需进行停用删除操作，使此子账号无法登录使用，如图 6-33~图 6-35 所示。

（1）单击"店铺"按钮右侧的"子账号管理"按钮。

图 6-33 删除子账号（一）

（2）单击"查看离职员工"按钮。

图 6-34 删除子账号（二）

（3）单击"重新任用"按钮，进入"新建员工"界面，子账号流转为新账号。

图 6-35 删除子账号（三）

五、子账号分流

1. 客服分流

客服分流是将从不同入口（店铺首页、商品详情页、联系人列表等）进来的买家咨询通过一定的规则分配到指定客服的过程。简单来说，一个买家进来咨询，到底会分给哪个客服，这个是由分流规则决定的。

2. 子账号分流设置

子账号分流设置如图 6-36~图 6-43 所示。

（1）进入千牛工作台，单击"店铺"菜单下一级"子账号管理"中的"客户分流"按钮。

图 6-36　子账号分流设置（一）

（2）新增分组。

图 6-37　子账号分流设置（二）

（3）添加客服到分组。

单击"参与客服"后面的"修改"按钮，在"设置接待客服"中选择"添加客服"，单击"确认"按钮，完成添加过程。在客服等级中为每位客服设置客服等级，等级越高，分配到客户的概率越高。

图 6-38　子账号分流设置（三）

图 6-39　子账号分流设置（四）

（4）添加接待范围。

在分组匹配维度，有四种匹配策略：订单状态（售前/售后分开接待）、意图（店小蜜转人工客服）、商品（按照商品精细化接待）、人群（根据人群标签精细化接待与运营），根据需要，选择一个或多个接待范围。

那么当商家使用了两种及以上的分配策略的时候，是如何匹配的呢？其实，这四种策略是有匹配优先级的，优先级是人群＞商品＞意图＞订单状态。也就是说，系统会优先匹配人群规则，在匹配中的分组里，再去匹配商品规则，依次类推。

待添加完成后，可查看右侧添加接待范围选项，再进行增减删除操作。

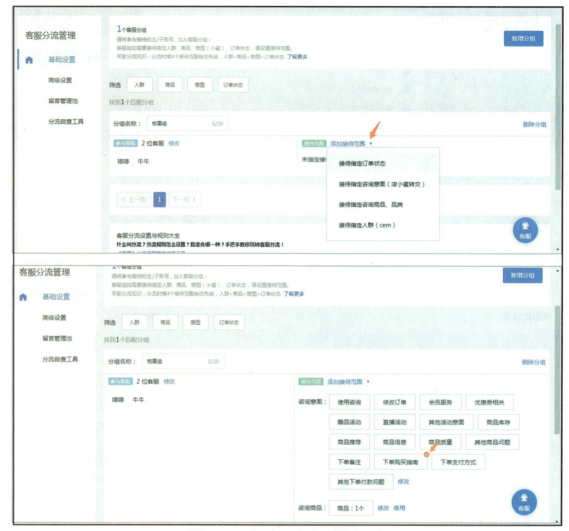

图 6-40　子账号分流设置（五）

（5）高级设置。

高级设置包含全店调度、分组设置、客服接待设置三个模块。全店调度中包含机器人设置（机器人可用于咨询接待和回复留言，合理利用机器人能有效降低客服人力成本）、离线消息处理机制（当没有可分配的客服时，买家的离线消息如何处理）、全店商品分流策略（方便停用全部客服分组的商品分流）。分组设置功能尚处于内测阶段，暂未开启。客服接待设置包含允许在移动端接待（是否允许客服使用手机接待买家）客服离线后消息处理机制（买家给离线且参与分流的账号发送消息时，是否转交给当前在线且参与分流的账号）。

项目6 店铺日常管理

图6-41 子账号分流设置(六)

(6)留言管理池。

可在此处查看留言池内信息分配记录及各时段处理情况。

网店运营

图 6-42　子账号分流设置（七）

（7）分流自查工具。

可在此处查看店铺客服子账号的分流情况，如果不合格，则会出现红色提醒，可根据提示进行修改操作。

图 6-43　子账号分流设置（八）

六、子账号的安全

子账号隶属于主账号，但具备授权范围内的权限，可进行相关操作，大卖家往往会有很多子账号，因此每个子账号的安全状况也极为重要。

项目6 店铺日常管理

开通子账号登录保护功能

开通手机验证保护（开启后子账号千牛或网页都需要填写随机生成的手机短信验证码）的方法如下：

进入子账号后台，单击"安全设置"按钮，未开启手机保护的子账号手机保护一栏会出现红色提示文字。注意，此时可单击后面的"开启手机保护"按钮，之后需要通过手机验证才能登录账号，这样可以防止账号被别人登录从而构成安全隐患，如图6-44所示。

图6-44 开通子账号登录保护功能

 **小结**

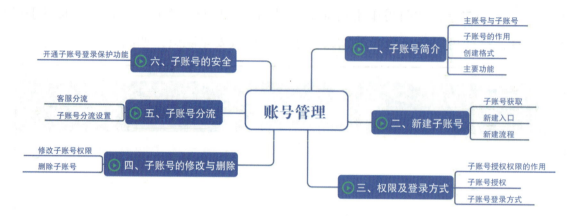

任务 6.4　客服管理

网店客服质量的好坏直接关系到店铺成交率和转化率的高低。网店客服的每句话都代表店铺的形象，客服的服务水平是买家评价店铺的第一要素。

一、客服的重要作用和意义

1. 塑造店铺形象

买家通过与客服的交流，可以了解卖家的服务和态度，让卖家在买家心目中逐步树立起良好的店铺形象。

2. 提高成交率

通过客服良好的引导与服务，买家可以更加顺利地完成订单。对于犹豫不决的买家，拥有专业知识和良好销售技巧的客服可以帮助其选择合适的商品，促成买家的购买行为，从而提高成交率。

3. 提高买家回头率

当买家完成了一次良好的交易后，买家会对卖家的服务、商品等有切身的体会。当需要再次购买产品的时候，买家就会倾向于选择自己所熟悉和了解的卖家，从而提高买家再次购买商品的概率。

4. 更好地服务买家

一个有着专业知识和良好沟通技巧的客服，可以给买家提供更多的购物建议，更完善地解答买家的疑问，更快速地对买家的售后问题给予反馈，从而更好地为买家服务。

二、客服工作技巧

网购因为看不到实物，所以给人的感觉就比较虚幻，为了促成交易，客服必将扮演重要角色。因此，客服工作技巧的运用对促成订单至关重要。

（一）态度方面

（1）保持积极的态度，树立"买家至上"的理念。

（2）要有足够的耐心与热情。

（3）礼貌待人，多说谢谢。

（4）尊重买家，多听从买家的意见。

（5）坚守诚信，做个专业卖家。

（二）语言方面

1. 使用礼貌有活力的沟通语言

其实沟通过程中最关键的不是客服说的话，而是说话的方式。多采用礼貌的态度、谦和的语气，就能顺利地与买家建立良好的沟通环境。让我们看看下面的小细节例子，来感受一下不同说法实现的效果。

关于称呼，"您"和"亲"比较，前者正规客气，后者比较亲切。

关于语气，"不行"和"真的不好意思哦"；"嗯"和"好的没问题"；都是前者生硬，后者比较有人情味。

2. 学会真诚赞美买家

客服在网络交流中运用一些赞美的小技巧，不仅可以让买家在购物过程中买到自己中意的商品，还能让购物的心情更好，更重要的是让买家更加喜欢你的店铺，增加对店铺的良好印象，如果买家收到商品后很满意的话，他最终会成为你最忠实的买家。

3. 保持相同的谈话方式

对于不同的买家，我们应该尽量用和他们相同的谈话方式来交谈。如果对方是年轻的母亲，在给孩子选商品，我们应该站在母亲的立场，考虑孩子的需要，用比较成熟的语气来描述，这样更能得到买家的信赖。如果客服表现得不成熟，买家就会对你的推荐表示怀疑。

4. 常用规范用语

（1）"请"是一个非常重要的礼貌用语。

（2）"欢迎光临""认识您很高兴""希望在这里您能买到满意的宝贝"等。

（3）"您好""请问""麻烦""请稍等""不好意思""非常抱歉""多谢支持"等。

（4）少用"我"字，多使用"您"或者"咱们"这样的字眼，让买家感觉你在全心全意地为他们考虑。

5. 尽量避免使用负面语言

买家服务语言中不应有负面语言，这一点非常关键。什么是负面语言？比如"我不能""我不会""我不愿意""我不可以"等，这些都是负面语言。

6. 学会利用阿里旺旺自动回复功能回答客户提问

我们可以通过设置阿里旺旺自动回复功能提前把常用的句子保存起来，这样在忙乱的时候可以快速回复买家。比如欢迎词、不讲价的解释等，可以给卖家节约大量的时间。如果暂时不在座位上，也可以设置"自动回复"，不至于让买家觉得自己好像没人搭理，也可以在自动回复中加上一些个性化的话语，都能起到不错的效果。

通过设置旺旺状态，可以给店铺做宣传，如在状态设置中写一些优惠措施、节假日提醒、推荐商品等。

小结

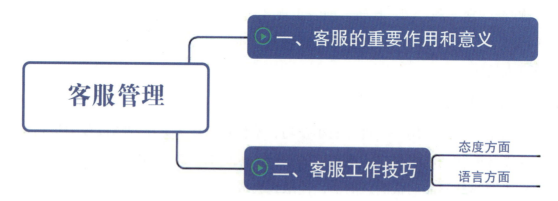

目录

项目 1　电子商务认知 1
  任务 1.1　电子商务概述 1
  任务 1.2　电子商务安全 3

项目 2　开设店铺 5
  任务 2.1　申请店铺 5
  任务 2.2　发布商品 8
  任务 2.3　完善店铺 11

项目 3　视图设计 14
  任务 3.1　图片的拍摄与处理 14
  任务 3.2　视频的拍摄与处理 17

项目 4　店铺的设计与装修 19
  任务 4.1　设计店铺首页 19
  任务 4.2　设计商品详情页 22
  任务 4.3　手机端店铺装修 25

项目 5　店铺推广 28
  任务 5.1　搜索引擎优化与排名 28
  任务 5.2　淘宝直通车 30
  任务 5.3　钻石展位 33
  任务 5.4　微信推广 35
  任务 5.5　店铺直播 37

项目 6　店铺日常管理 39
  任务 6.1　商品管理 39
  任务 6.2　交易管理 41
  任务 6.3　账号管理 44
  任务 6.4　客服管理 46

项目 1　电子商务认知

任务 1.1　电子商务概述

任务名称	电子商务概述	学时		任务成绩	
学生姓名		班级		实训日期	
实训设备、工具及素材	电脑 50 台		实训场地	电子商务实训中心	
工单号			实训教师		
任务目的	理解电子商务概述、电子商务安全相关知识				

一、知识链接

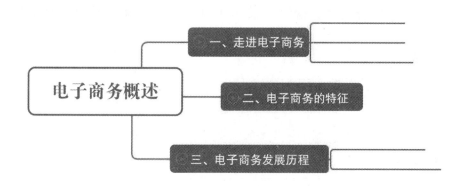

要求：补充知识链接中的空白处，并据相关知识完成以下内容。

1. 电子商务的功能有_____、_____、_____、_____、_____、_____、_____。

2. 电子商务的特征是_____、_____、_____、_____。

3. 电子商务的构成要素是_____、_____、_____、_____。

4. 说出你身边所熟悉的电子商务平台有哪些？

5. 与传统商务相比，电子商务有哪些优势？

6. 电子商务的产生条件是什么？

二、材料准备

请根据所学知识和任务要求，确定所需要的设备和材料，制订详细的任务实施计划方案。

1. 需要准备的材料：

2. 需要准备的设备：

三、任务实施

了解常见的电子商务网站类型，并分析淘宝、苏宁易购、拼多多、京东等不同类型网站存在的异同。结合自身实际，谈谈如果你开网店会选择哪个平台？为什么？

四、评价与反馈

评价项目	评分标准	分值	评分要求	自评	互评	师评	得分
知识点要素	是否完整正确	20	未掌握者扣20分				
操作过程	是否有效合理	20	未完成有效操作扣20分				
任务完成情况	是否圆满完成	20	未完成任务扣20分				
活动参与	□1.积极参与教学、全勤 □2.缺勤高于总学时的30%	20	缺勤高于30%的扣10分，但不得超过20分				
工单填写	□1.字迹清晰，无漏填 □2.语句通顺，表达规范 □3.无错别字，无涂改 □4.知识链接规范填写 □5.任务工单填写及时	20	未完成一项扣4分，但不得超过20分				
教师签字		100	教师总评			实训成绩	

项目 1 电子商务认知

任务 1.2 电子商务安全

任务名称	电子商务安全	学时		任务成绩	
学生姓名		班级		实训日期	
实训设备、工具及素材	电脑 50 台		实训场地	电子商务实训中心	
工单号			实训教师		
任务目的	理解电子商务概述、电子商务安全相关知识				

一、知识链接

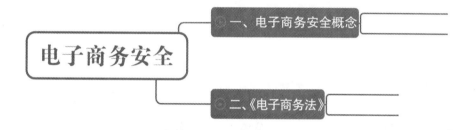

要求：补充知识链接中的空白处，并据相关知识完成以下内容。

1. 电子商务交易带来的安全威胁包括_____、_____、_____、_____。
2. 计算机网络安全有_____、_____、_____、_____。
3. 木马程序通常是由_____和_____两部分组成的。
4. 在网店经营过程中，交易安全主要分为_____和_____。
5. 计算机安全隐患主要是来自_____、_____及黑客的入侵等。
6. 如何判断计算机中毒了？

7. 通过哪些设置可以提高操作系统的安全系数？

二、材料准备

请根据所学知识和任务要求，确定所需要的设备和材料，制订详细的任务实施计划方案。

1. 需要准备的材料：

2.需要准备的设备：

三、任务实施

1.根据任务要求，学习电子商务安全相关知识，并完成以下操作。

登录淘宝账号，选择商品，通过第三方支付平台完成商品的支付操作，并且交流操作中涉及的安全问题。

2.操作反思。

日常网店运营中主要会面临哪些网络安全隐患问题，如何避免与有效确保店铺运营时的网络信息安全。

四、评价与反馈

评价项目	评分标准	分值	评分要求	自评	互评	师评	得分
流程操作	是否完整正确	20	未完成操作扣20分				
操作过程	是否安全合理	20	未完成支付扣20分				
任务完成情况	是否圆满完成	20	未完成任务扣20分				
活动参与	□1.积极参与教学、全勤 □2.缺勤高于总学时的30%	20	缺勤高于30%的扣10分，但不得超过20分				
工单填写	□1.字迹清晰，无漏填 □2.语句通顺，表达规范 □3.无错别字，无涂改 □4.知识链接规范填写 □5.任务工单填写及时	20	未完成一项扣4分，但不得超过20分				
教师签字		100	教师总评		实训成绩		

项目 2　开设店铺

任务 2.1　申请店铺

任务名称	申请店铺	学时		任务成绩	
学生姓名		班级		实训日期	
实训设备、工具及素材	电脑 50 台		实训场地	电子商务实训中心	
工单号			实训教师		
任务目的	理解网店开设基本流程；能够学会独立完成申请店铺				

一、知识链接

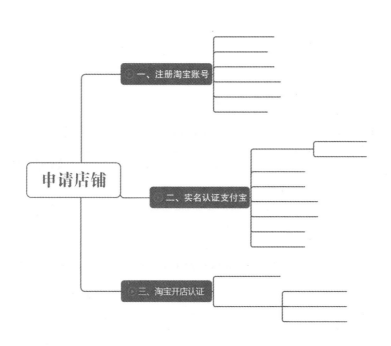

要求：补充知识链接中的空白处，并据相关知识完成以下内容。

1. 淘宝网注册会员需要满_____岁。

2. 注册的会员名无任何交易行为，并且在超过_____天的时间内未以用户的账号及密码登录网站，则淘宝有权终止服务。

3. 开设淘宝网店一般要经过哪几个基本步骤？_____、_____、_____。

4. 淘宝网店注册流程是_____、_____、_____、_____、_____、_____、_____。

5. 开设淘宝网店认证流程是_____和_____。

6. 开设淘宝会员前期需要做哪些准备工作？

二、材料准备

请根据所学知识和任务要求，确定所需要的设备和材料，制订详细的任务实施计划方案。

1. 需要准备的材料：

2. 需要准备的设备：

三、任务实施

1. 根据任务要求，学习店铺相关知识，并完成相关问题。

（1）登录淘宝网，注册一个淘宝买家账号，并回忆该账号注册流程。

注册手机号		会员名		登录密码	
买家账号注册流程					

（2）登录支付宝账号，完成支付宝账号的实名认证，交流支付宝实名认证的意义。

注册手机号		会员名		登录密码	
认证流程					

（3）登录淘宝账号，完成淘宝账号的开店认证，简要叙述流程。

注册手机号		会员名		登录密码	
卖家账号注册流程					

2. 操作反思。

在淘宝店铺认证过程中是否遇到问题？若有问题，是什么原因导致的？该如何避免？

四、评价与反馈

评价项目	评分标准	分值	评分要求	自评	互评	师评	得分
流程操作	□1.能注册淘宝买家账号 □2.能实名认证支付宝 □3.能注册淘宝卖家账号	45	未完成一项扣15分,但不得超过45分				
操作过程	□1.能完成网上开店流程 □2.未完成网上开店流程	20	未完成申请扣20分				
任务完成情况	□1.能独立完成店铺申请 □2.未独立完成店铺申请	15	未完成任务扣15分				
活动参与	□1.积极参与教学、全勤 □2.缺勤高于总学时的30%	10	缺勤高于30%的扣5分,但不得超过10分				
工单填写	□1.字迹清晰,无漏填 □2.语句通顺,表达规范 □3.无错别字,无涂改 □4.知识链接规范填写 □5.任务工单填写及时	10	未完成一项扣2分,但不得超过10分				
教师签字		100	教师总评	实训成绩			

项目 2　开设店铺

任务 2.2　发布商品

任务名称	发布商品	学时		任务成绩	
学生姓名		班级		实训日期	
实训设备、工具及素材	电脑 50 台、照片相关素材		实训场地	电子商务实训中心	
工单号			实训教师		
任务目的	能够学会发布商品操作流程；能完成类目选择、标题和物流信息设置				

一、知识链接

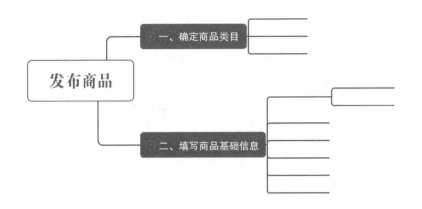

要求：补充知识链接中的空白处，并据相关知识完成以下内容。

1. 类目选择的注意事项是_____。

2. 宝贝标题设置最多有_____个字符。

3. 添加运费模板中主要包括_____、_____、_____、_____、_____、_____。

4. 网店商品的发布流程是怎样的？

5. 如果你选择网上开店，你会选择出售什么商品，并列举优势条件。

6. 右图描述主图中可以添加哪些内容？目的是什么？

7.结合右图描述可以添加哪几幅图片，图片需要具备哪些特点？
_____
_____
_____
_____
_____

二、材料准备

请根据所学知识和任务要求，确定所需要的设备和材料，制订详细的任务实施计划方案。

1.需要准备的材料：

（1）可以添加哪几幅图片，图片需要具备哪些特点？

（2）主图中可以添加哪些内容？目的是什么？

2.需要准备的设备：

三、任务实施

1.根据任务要求，描述商品发布的基本流程，并完成相关操作。
（1）选择商品，登录千牛工作平台，完成商品类目选择，截图群发。

（2）拍摄并选择合适的图文进行适当编辑，完成主图和副图的设计与上传，截图群发。

（3）完成商品其他基础信息的填写。

2.操作反思。
针对发布商品操作过程中的问题与经验技巧，写出心得并分享学习。

四、评价与反馈

评价项目	评分标准	分值	评分要求	自评	互评	师评	得分
流程操作	□1. 能成功发布宝贝 □2. 能准确进行类目选择 □3. 能正确填写宝贝标题 □4. 能完善物流信息模板 □5. 支付信息设置	50	未完成一项扣10分，但不得超过50分				
操作过程	□1. 主图上传及文字描述 □2. 详情图上传及文字描述	20	未完成一项扣10分，但不得超过20分				
任务完成情况	□1. 能独立操作发布商品 □2. 未独立操作发布商品	10	未完成任务扣10分				
活动参与	□1. 积极参与教学、全勤 □2. 缺勤高于总学时的30%	10	缺勤高于30%的扣5分，但不得超过10分				
工单填写	□1. 字迹清晰，无漏填 □2. 语句通顺，表达规范 □3. 无错别字，无涂改 □4. 知识链接规范填写 □5. 任务工单填写及时	10	未完成一项扣2分，但不得超过10分				
教师签字		100	教师总评	实训成绩			

项目 2　开设店铺

任务 2.3　完善店铺

任务名称	完善店铺	学时		任务成绩	
学生姓名		班级		实训日期	
实训设备、工具及素材	电脑 50 台		实训场地	电子商务实训中心	
工单号			实训教师		
任务目的		学会完善店铺相关信息的操作			

一、知识链接

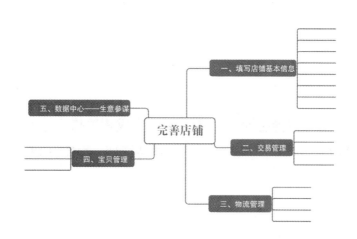

要求：补充知识链接中的空白处，并据相关知识完成以下内容。

1. 交易管理涉及的主要内容有_____、_____、_____、_____。

2. 店铺物流管理包括的具体内容有_____、_____、_____、_____。

3. 卖家通过_____来诊断自己的店铺。

4. 在"_____"页面，单击左侧的"_____"栏中的"_____"选项，即可看到当前店铺中所有订单的情况。

5. 店铺基本信息有哪些？

6. 根据下图回答问题：

图片中显示的是完善店铺中的哪部分内容？具体包括哪些信息？

_____

_____

二、材料准备

请根据所学知识和任务要求，确定所需要的设备和材料，制订详细的任务实施计划方案。

1.需要准备的材料：

2.需要准备的设备：

三、任务实施

1.根据任务要求，学习完善店铺相关知识，并完成相关操作。

登录淘宝账号，填写店铺基本信息，并完善交易管理、物流管理、宝贝管理相关信息，谈论交流具体的操作过程。

2.操作反思。

针对操作过程中的问题与经验技巧，写出心得并分享学习。

四、评价与反馈

评价项目	评分标准	分值	评分要求	自评	互评	师评	得分
流程操作	□1. 能完成店铺基本信息 □2. 能完成交易管理设置 □3. 能完成物流信息设置 □4. 能完成宝贝管理设置	60	未完成一项扣15分，但不得超过60分				
环节完整	□1. 四项流程完整无误 □2. 填写内容准确规范	10	未完成一项扣5分，均未完成扣10分				
任务完成情况	□1. 能独立完善店铺信息 □2. 未独立完善店铺信息	10	未完成任务扣10分				
活动参与	□1. 积极参与教学、全勤 □2. 缺勤高于总学时的30%	10	缺勤高于30%的扣5分，但不得超过10分				
工单填写	□1. 字迹清晰，无漏填 □2. 语句通顺，表达规范 □3. 无错别字，无涂改 □4. 知识链接规范填写 □5. 任务工单填写及时	10	未完成一项扣2分，但不得超过10分				
教师签字		100	教师总评	实训成绩			

项目 3　视图设计

任务 3.1　图片的拍摄与处理

任务名称	图片的拍摄与处理	学时		任务成绩	
学生姓名		班级		实训日期	
实训设备、工具及素材	电脑 50 台、照片素材、相机	实训场地		电子商务实训中心	
工单号			实训教师		
任务目的	掌握图片的拍摄方法和技巧，能够灵活运用 Photoshop 处理并美化图片				

一、知识链接

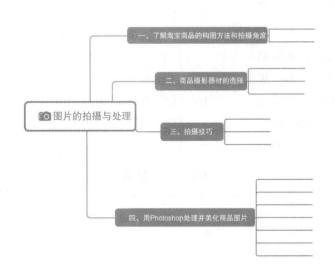

要求：补充知识链接中的空白处，并据相关知识完成以下内容。

1. 产品构图的基本形式有_____、_____、_____、_____、_____、_____。

2. 常见的布光方式有_____、_____、_____、_____、_____。

3. 常用的图像颜色模式有_____、_____、_____。

4. 能够使主体产生轮廓光的是_____。

5. 简述 Photoshop 菜单栏中主要有哪些菜单项。

6. 观察下面三幅图片，分析其构图形式及作用。

_____
_____
_____

二、材料准备

请根据所学的图片的拍摄与处理方法及技巧，确定所需要的设备和材料，制订详细的任务实施计划方案。

1. 图片拍摄需要的素材和图片处理软件的安装：

2. 图片拍摄处理需要的硬件设备：

3. 分组学习。

三、任务实施

1. 根据任务要求，掌握图片处理的步骤，并完成以下基础操作。

（1）启动 Photoshop CS6 图片处理软件，将素材文件"彩虹.jpg"进行自由变换，调整图像大小。

（2）启动 Photoshop CS6 图片处理软件，将素材文件"古风.jpg"进行色彩变化。

（3）启动 Photoshop CS6 图片处理软件，将素材文件"浅影交相语，日月同辉时.jpg"添加文字水印。

2. 小组提升。

（1）选择一款农产品，布置好灯光，运用不同的构图形式进行多角度、多方位拍摄，并在班级内进行分享。

（2）运用 Photoshop CS6 图片处理软件处理拍摄的照片，完成照片的设计并上传。

四、评价与反馈

评价项目	评分标准	分值	评分要求	自评	互评	师评	得分
流程操作	□1.能够合理布光 □2.能够恰当调整相机的光圈 □3.能够选择合适的辅助道具	45	未准确完成一项扣15分，但不得超过45分				
操作过程	□1.能多角度地完成产品拍摄 □2.拍摄产品图片角度不全	20	未完成有效拍摄扣20分				
任务完成情况	□1.能高效完成图片处理 □2.未高效完成图片处理	15	未高效完成图片处理扣15分				
活动参与	□1.积极参与教学、全勤 □2.缺勤高于总学时的30%	10	缺勤高于30%的扣5分，但不得超过10分				
工单填写	□1.字迹清晰，无漏填 □2.语句通顺，表达规范 □3.无错别字，无涂改 □4.知识链接规范填写 □5.任务工单填写及时	10	未完成一项扣2分，但不得超过10分				
教师签字		100	教师总评		实训成绩		

项目 3　视图设计

任务 3.2　视频的拍摄与处理

任务名称	视频的拍摄与处理	学时		任务成绩	
学生姓名		班级		实训日期	
实训设备、工具及素材	电脑 50 台、照片素材、相机	实训场地		电子商务实训中心	
工单号				实训教师	
任务目的	能够灵活运用会声会影软件制作和处理视频				

一、知识链接

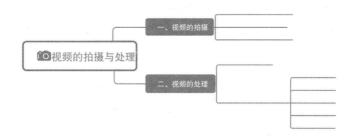

要求：补充知识链接中的空白处，并据相关知识完成以下内容。

1. 拍摄产品视频的构图原则有＿＿＿＿、＿＿＿＿、＿＿＿＿、＿＿＿＿、＿＿＿＿、＿＿＿＿。

2. 视频拍摄的景别有＿＿＿＿、＿＿＿＿、＿＿＿＿、＿＿＿＿、＿＿＿＿。

3. 从多个方位拍摄更能体现商品的全貌，给买家全面的展示。一般应用＿＿＿＿、＿＿＿＿、＿＿＿＿三个角度的视频来展示商品。

4. 简述使用会声会影软件制作店铺主页商品视频的步骤。

5. 简述使用会声会影软件制作店铺详情页商品视频的步骤。

二、材料准备

请根据所学的视频的拍摄与处理方法及技巧，确定所需要的设备和材料，制订详细的任务实施计划方案。

1. 图片拍摄需要的素材和图片处理软件的安装：

2. 图片拍摄处理需要的硬件设备：

3. 分组学习。

三、任务实施

1. 根据任务要求，掌握图片处理的步骤，并完成以下基础操作。

（1）启动会声会影视频处理软件，将拍摄好的商品照片素材进行上传处理，最终完成关于店铺产品主页的视频制作。

（2）启动会声会影视频处理软件，将拍摄好的商品照片素材进行上传处理，最终完成关于店铺商品详情页的视频制作。

2. 小组提升。

选择一款农产品，布置好灯光，运用不同的景别进行多角度、多方位拍摄，完成店铺商品视频拍摄，分小组完成并在班级内进行分享。

四、评价与反馈

评价项目	评分标准	分值	评分要求	自评	互评	师评	得分
流程操作	☐ 1. 能够合理布光 ☐ 2. 能够恰当调整相机的拍摄景别 ☐ 3. 能够选择合适的辅助道具	45	未准确完成一项扣15分，但不得超过45分				
操作过程	☐ 1. 能够合理布光 ☐ 2. 能够恰当调整相机的拍摄景别 ☐ 3. 能够选择合适的辅助道具 ☐ 4. 能多角度地完成商品拍摄 ☐ 5. 能采用不同拍摄方位	20	每项得分为4分				
任务完成情况	☐ 1. 能高效完成视频处理 ☐ 2. 未高效完成视频处理	15	未高效完成视频处理的扣15分				
活动参与	☐ 1. 积极参与教学、全勤 ☐ 2. 缺勤高于总学时的30%	10	缺勤高于30%的扣5分，但不得超过10分				
工单填写	☐ 1. 字迹清晰，无漏填 ☐ 2. 语句通顺，表达规范 ☐ 3. 无错别字，无涂改 ☐ 4. 知识链接规范填写 ☐ 5. 任务工单填写及时	10	未完成一项扣2分，但不得超过10分				
教师签字		100	教师总评		实训成绩		

项目4 店铺的设计与装修

任务4.1 设计店铺首页

任务名称	设计店铺首页	学时		任务成绩	
学生姓名		班级		实训日期	
实训设备、工具及素材	电脑50台、照片相关素材		实训场地	电子商务实训中心	
工单号			实训教师		
任务目的	能够独立设计店铺的店招、导航条、海报、商品分类、客服旺旺、商品展示、店铺页尾、店铺背景等内容				

一、知识链接

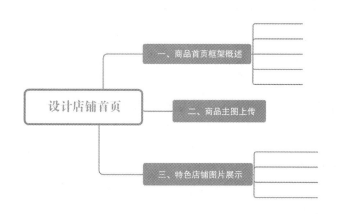

要求：补充知识链接中的空白处，并据相关知识完成以下内容。

1.店铺首页主要由_____、_____、_____、_____、_____、_____、_____、_____、_____构成。

2.店铺首页的三种类型是_____、_____、_____。

3.商品主图的上传流程是_____、_____、_____。

4.根据图片回答问题。

（1）简要分析上述店铺促销海报设计的技巧及包含的促销信息。

（2）根据上图简要分析眼镜主图、辅图的设计要素和技巧。

二、材料准备

请根据所学的设计店铺首页的内容，确定所需要的设备和材料，制订详细的任务实施计划方案。

1.店铺首页设计素材准备：

2.店铺首页设计硬件设备：

3.分组计划方案：

三、任务实施

1.小组练习。

指定素材"玩具熊.jpg"，每个小组根据素材自行设计一张商品的促销海报和一张店铺的促销海报。制作完成后，上传至平台。教师进行评分并选择优秀商品进行展示。

2.操作提升。

设计一款以玩具为主题的店铺形象，充分发挥想象力，分小组讨论并完成制作。

四、评价与反馈

评价项目	评分标准	分值	评分要求	自评	互评	师评	得分
任务操作	□1. 能够合理设计店标 □2. 能够合理设计店招 □3. 能够合理设计店铺导航条、分类	45	未合理布局并设计一项扣15分，但不得超过45分				
过程内容	□1. 创意设计店铺海报 □2. 设计店铺商品主图、辅图	20	未完成有效设计扣20分				
任务完成情况	□1. 能独立完成店铺首页装修设计 □2. 未独立完成店铺首页装修设计	15	未完成店铺装修设计扣15分				
活动参与	□1. 积极参与教学、全勤 □2. 缺勤高于总学时的30%	10	缺勤高于30%的扣5分，但不得超过10分				
工单填写	□1. 字迹清晰，无漏填 □2. 语句通顺，表达规范 □3. 无错别字，无涂改 □4. 知识链接规范填写 □5. 任务工单填写及时	10	未完成一项扣2分，但不得超过10分				
教师签字		100	教师总评	实训成绩			

项目4 店铺的设计与装修

任务4.2 设计商品详情页

任务名称	设计商品详情页	学时		任务成绩	
学生姓名		班级		实训日期	
实训设备、工具及素材	电脑50台、照片素材若干	实训场地		电子商务实训中心	
工单号			实训教师		
任务目的		能够独立完成店铺详情页的设计			

一、知识链接

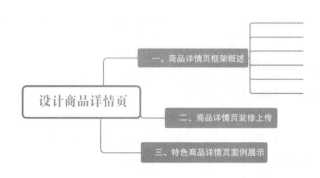

要求：补充知识链接中的空白处，并据相关知识完成以下内容。

1. 商品详情页主要包含_____、_____、_____、_____、_____等功能模块。

2. 商品详情页描述包含_____、_____、_____、_____。

3. 商品详情页上传步骤包括_____、_____、_____。

4. 常见的配色风格有哪些？化妆品类店铺常采用哪种配色方案？

5. 根据图片回答问题。

（1）简要分析上述两张店铺详情页设计图片包含的内容和设计特色。

_____

_____

（2）从网上对比同类农产品详情页的图片，找出创新点和特色，对原有设计图片进行进一步的修改和润色。

_____

_____

二、材料准备

请根据所学的设计店铺首页的内容，确定所需要的设备和材料，制订详细的任务实施计划方案。

1. 店铺详情页设计图片素材准备：

2. 店铺详情页设计硬件设备：

3. 分组计划方案：

三、任务实施

1. 小组练习。

指定素材"板栗.jpg"，每个小组自行拍摄素材并设计板栗的店铺详情页。制作完成后，上传至平台。教师进行评分并选择优秀商品进行展示。

2. 操作提升。

自学 flash 动画，制作简易板栗动态图形，为商品详情页增加亮点。

四、评价与反馈

评价项目	评分标准	分值	评分要求	自评	互评	师评	得分
任务操作	□1. 能够合理设计商品场景展示图片 □2. 能够合理设计商品属性图片 □3. 能够合理设计宝贝细节图片、突出产品特色	45	未合理布局并设计一项扣15分，但不得超过45分				
操作过程	□能够独立完成整个商品详情页的创意与设计	20	未完成有效设计扣20分				
任务完成情况	□1. 能独立完成商品详情页装修 □2. 未独立完成商品详情页装修	15	未完成产品详情页设计扣15分				
活动参与	□1. 积极参与教学、全勤 □2. 缺勤高于总学时的30%	10	缺勤高于30%的扣5分，但不得超过10分				
工单填写	□1. 字迹清晰，无漏填 □2. 语句通顺，表达规范 □3. 无错别字，无涂改 □4. 知识链接规范填写 □5. 任务工单填写及时	10	未完成一项扣2分，但不得超过10分				
教师签字		100	教师总评		实训成绩		

项目 4 店铺的设计与装修

任务 4.3 手机端店铺装修

任务名称	手机端店铺装修	学时		任务成绩	
学生姓名		班级		实训日期	
实训设备、工具及素材	手机 50 台、照片素材若干	实训场地		电子商务实训中心	
工单号		实训教师			
任务目的		完成手机端店铺装修的基本操作			

一、知识链接

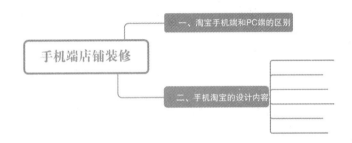

要求：补充知识链接中的空白处，并据相关知识完成以下内容。

1. 手机端店铺首页需要承载哪八大内容？_____、_____、_____、_____、_____、_____、_____、_____。

2. 淘宝手机端图片设计与 PC 端图片设计的区别有_____、_____、_____、_____ 四部分内容。

3. 手机端的店招尺寸应为_____。

4. 无线端宝贝详情页的宝贝描述可以添加_____、_____、_____、_____ 类型的文件。

5. 根据图片回答问题。

比较并分析淘宝手机端图片设计与 PC 端图片设计的区别。

二、材料准备

请根据所学的设计店铺首页的内容，确定所需要的设备和材料，制订详细的任务实施计划方案。

1. 需要准备的材料：

2. 需要准备的设备：

3. 分组计划方案：

三、任务实施

1. 根据任务要求，学习手机端店铺装修与设计相关知识，并完成相关问题。

登录手机端淘宝店铺，每小组选择一款商品，设计商品主图、副图、详情页并上传，然后再比较和分析异同。

2. 操作提升。
写出 PC 端与手机端的装修设计流程思路规划。

四、评价与反馈

评价项目	评分标准	分值	评分要求	自评	互评	师评	得分
任务操作	☐1.能够合理设计商品场景展示图片 ☐2.能够合理设计商品属性图片 ☐3.能够合理设计商品细节图片、突出商品特色	45	未合理布局并设计一项扣15分，但不得超过45分				
操作过程	☐能够借助手机端完成整个产品的创意与设计	20	未完成有效设计扣20分				
任务完成情况	☐1.完成手机端店铺装修 ☐2.未完成手机端店铺装修	15	未完成装修扣15分				
活动参与	☐1.积极参与教学、全勤 ☐2.缺勤高于总学时的30%	10	缺勤高于30%的扣5分，但不得超过10分				
工单填写	☐1.字迹清晰，无漏填 ☐2.语句通顺，表达规范 ☐3.无错别字，无涂改 ☐4.知识链接规范填写 ☐5.任务工单填写及时	10	未完成一项扣2分，但不得超过10分				
教师签字		100	教师总评	实训成绩			

项目 5　店铺推广

任务 5.1　搜索引擎优化与排名

任务名称	搜索引擎优化与排名	学时		任务成绩	
学生姓名		班级		实训日期	
实训设备、工具及素材	电脑 50 台、相关素材		实训场地	电子商务实训中心	
工单号			实训教师		
任务目的	结合所学知识，学会宝贝标题优化、类目优化、价格优化的相关操作				

一、知识链接

要求：补充知识链接中的空白处，并据相关知识完成以下内容。

1. 影响搜索引擎排名的因素有_____、_____、_____。

2. _____是评价网站流量最常用的指标之一。

3. DSR 评分是指 DSR 里各项指标的评分，包括_____、_____、物流服务质量的评分。

4. 转化率是指在一个统计周期内，完成转化行为的次数占推广信息_____的比率。

5. 淘宝搜索排序中引入的用户偏好维度包括_____、_____、_____、_____、搜索习惯等。

6. 标题优化的注意事项有_____、_____、_____。

7. 宝贝类目优化包括_____、_____、_____。

8. 宝贝要想被搜索引擎找到，需要包含_____、_____。

9. 简述撰写宝贝标题时应注意哪几个方面。

二、材料准备

请根据所学知识和任务要求，确定所需要的设备和材料，制订详细的任务实施计划方案。

1. 需要准备的材料：

2. 需要准备的设备：

三、任务实施

1. 根据任务要求，描述宝贝标题优化、类目优化、价格优化的相关操作流程，完成相关操作。

（1）上网查找搜索排名靠前和排名靠后的商品，比较分析，思考排名差异的原因，交流如何有效实现宝贝搜索引擎优化。

（2）根据所学内容，登录淘宝网完成自己店铺产品的搜索引擎优化、标题优化、类目优化、价格优化的相关操作，交流操作流程。

2. 操作反思。
针对发布商品操作过程中的问题与经验技巧，写出心得并分享学习。

四、评价与反馈

评价项目	评分标准	分值	评分要求	自评	互评	师评	得分
流程操作	□1.宝贝能被搜索引擎搜到 □2.能完成宝贝标题优化 □3.能完成类目优化 □4.能完成价格优化	40	未完成一项扣10分，但不得超过40分				
内容过程	□1.搜索引擎排名在前1/3区间 □2.搜索引擎排名在后2/3区间	20	达到选项1的要求得20分，未达到得10分				
任务完成情况	□1.能独立操作搜索排名 □2.未独立操作搜索排名	20	未完成任务扣20分				
活动参与	□1.积极参与教学、全勤 □2.缺勤高于总学时的30%	10	缺勤高于30%的扣5分，但不得超过10分				
工单填写	□1.字迹清晰，无漏填 □2.语句通顺，表达规范 □3.无错别字，无涂改 □4.知识链接规范填写 □5.任务工单填写及时	10	未完成一项扣2分，但不得超过10分				
教师签字		100	教师总评	实训成绩			

项目 5　店铺推广

任务 5.2　淘宝直通车

任务名称	淘宝直通车	学时		任务成绩	
学生姓名		班级		实训日期	
实训设备、工具及素材	电脑 50 台、相关素材	实训场地	电子商务实训中心		
工单号				实训教师	
任务目的	结合所学知识，学会淘宝直通车推广的相关操作				

一、知识链接

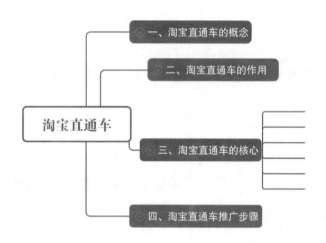

要求：补充知识链接中的空白处，并据相关知识完成以下内容。

1. 直通车的核心有_____、_____、_____、_____、_____。

2. 淘宝直通车的推广形式，根据匹配技术和展现资源的不同，可以分为_____、_____、_____、定向推广等营销商品。

3. 店铺内的宝贝数量要满足_____件以上才可以上直通车。

4. 直通车商品标题字数在_____个以内。

5. 简述淘宝直通车推广工具的计费方式。

6. 简述淘宝直通车的准入条件。

7. 根据图片回答问题。

（1）分析右边两幅图片，简述直通车工具在推广时间和人群方面的技巧和注意问题。

_____

_____

（2）根据上图简要分析眼镜主图、辅图的设计要素和技巧。

_____

_____

二、材料准备

请根据所学知识和任务要求，确定所需要的设备和材料，制订详细的任务实施计划方案。

1. 需要准备的材料：

2. 需要准备的设备：

3. 分组计划方案：

三、任务实施

1. 根据任务要求，完成相关操作。

登录淘宝账号，选择一款农产品，根据学习的直通车推广步骤，完成淘宝直通车推广操作，小组间对比交流。

2. 操作反思。

针对淘宝直通车推广操作过程中的问题与经验技巧，写出心得并分享学习。

四、评价与反馈

评价项目	评分标准	分值	评分要求	自评	互评	师评	得分
流程操作	□1. 能针对店铺情况选择合适的关键词 □2. 能选择合适的商品投放直通车 □3. 选择好时间、地域 □4. 上传创意图	40	未完成一项扣10分,但不得超过40分				
内容过程	□1. 搜索商品查看展位排名在前1/3区间 □2. 搜索商品查看展位排名在后2/3区间	20	达到选项1的要求得20分,未达到得10分				
任务完成情况	□1. 完成直通车优化调整 □2. 未完成直通车优化调整	20	未完成任务扣20分				
活动参与	□1. 积极参与教学、全勤 □2. 缺勤高于总学时的30%	10	缺勤高于30%的扣5分,但不得超过10分				
工单填写	□1. 字迹清晰,无漏填 □2. 语句通顺,表达规范 □3. 无错别字,无涂改 □4. 知识链接规范填写 □5. 任务工单填写及时	10	未完成一项扣2分,但不得超过10分				
教师签字		100	教师总评	实训成绩			

项目 5　店铺推广

任务 5.3　钻石展位

任务名称	钻石展位	学时		任务成绩	
学生姓名		班级		实训日期	
实训设备、工具及素材	电脑 50 台、相关素材		实训场地	电子商务实训中心	
工单号			实训教师		
任务目的	结合所学知识，学会淘宝直通车推广的相关操作				

一、知识链接

要求：补充知识链接中的空白处，并据相关知识完成以下内容。

1. 钻石展位的服务内容有_____和_____。

2. 钻石展位展示网络推广是以_____为基础，_____为核心，面向全网精准流量实时竞价的展示推广平台。

3. 店铺推广的展现位在_____。

4. 简述钻石展位推广工具的计费方式。

二、材料准备

请根据所学知识和任务要求，确定所需要的设备和材料，制订详细的任务实施计划方案。

1. 需要准备的材料：

2.需要准备的设备：

3.分组学习。

三、任务实施

1.根据任务要求，完成钻石展位创意制作相关操作。

通过BM进行创意制作，针对模板的修改和使用，制作各种自定义广告牌，并进行交流。

2.操作反思。

针对钻石展位推广操作过程中的问题与经验技巧，写出心得并分享学习。

四、评价与反馈

评价项目	评分标准	分值	评分要求	自评	互评	师评	得分
流程操作	是否完整正确	40	未完成一项扣10分，但不得超过40分				
内容过程	是否合理、规范	20	达到选项1要求得20分，未达到得10分				
任务完成情况	□1.能完成钻石展位推广 □2.未完成钻石展位推广	20	未完成任务扣20分				
活动参与	□1.积极参与教学、全勤 □2.缺勤高于总学时的30%	10	缺勤高于30%的扣5分，但不得超过10分				
工单填写	□1.字迹清晰，无漏填 □2.语句通顺，表达规范 □3.无错别字，无涂改 □4.知识链接规范填写 □5.任务工单填写及时	10	未完成一项扣2分，但不得超过10分				
教师签字		100	教师总评		实训成绩		

项目 5　店铺推广

任务 5.4　微信推广

任务名称	微信推广	学时		任务成绩	
学生姓名		班级		实训日期	
实训设备、工具及素材	电脑 50 台、微信软件、图片素材	实训场地		电子商务实训中心	
工单号		实训教师			
任务目的	结合所学知识，学会运用微信进行店铺推广				

一、知识链接

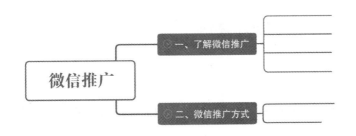

要求：补充知识链接中的空白处，并据相关知识完成以下内容。

1. 微信朋友圈发布内容的特点有_____、_____、_____、_____、_____。
2. 朋友圈照片的特点有_____、_____、_____。
3. 微信推广的方式有_____和_____。
4. 借助于微信进行店铺推广首先需要_____。
5. 如何提高微信群活跃度？

二、材料准备

请根据所学知识和任务要求，确定所需要的设备和材料，制订详细的任务实施计划方案。

1. 需要准备的材料：

2.需要准备的设备：

3.分组计划方案：

三、任务实施

1.根据任务要求，描述商品发布的基本流程，完成相关操作。

（1）根据各小组选择的商品拍摄照片，进行适当修饰，发布到朋友圈，并与小组成员交流内容设计思路。

（2）运用所学知识，提高自己微信群的活跃度，并反馈推广效果。

（3）运用所学知识，搜索微信群并添加。

2.操作反思。
针对微信推广操作过程中的问题与经验技巧，写出心得并分享学习。

四、评价与反馈

评价项目	评分标准	分值	评分要求	自评	互评	师评	得分
流程操作	□1.拍摄微信推广照片 □2.编辑适合的文字 □3.提高推广活跃度	45	未完成一项扣15分，但不得超过45分				
内容过程	□1.运用微信朋友圈推广 □2.运用微信群推广	30	每个选项均得15分				
任务完成情况	□1.能独立完成微信推广 □2.未独立完成微信推广	5	未完成任务扣5分				
活动参与	□1.积极参与教学、全勤 □2.缺勤高于总学时的30%	10	缺勤高于30%的扣5分，但不得超过10分				
工单填写	□1.字迹清晰，无漏填 □2.语句通顺，表达规范 □3.无错别字，无涂改 □4.知识链接规范填写 □5.任务工单填写及时	10	未完成一项扣2分，但不得超过10分				
教师签字		100	教师总评	实训成绩			

项目 5 店铺推广

任务 5.5 店铺直播

任务名称	店铺直播	学时		任务成绩	
学生姓名		班级		实训日期	
实训设备、工具及素材	电脑 50 台	实训场地		电子商务实训中心	
工单号			实训教师		
任务目的	结合所学知识,学会运用淘宝直播软件对店铺商品进行推广				

一、知识链接

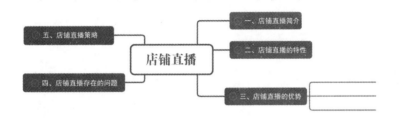

要求:补充知识链接中的空白处,并据相关知识完成以下内容。

1. 店铺直播打破了_____和_____之间的信息不对称。

2. 店铺直播其核心在于_____,定位为_____。

3. 直播间现在可以挂_____件商品。

4. 直播互动常用工具有_____。

5. 广大用户在观看直播的同时,还可以采用发送_____评论的形式向主播咨询关于商品的一些问题,也可以看到其他用户对主播展示的商品有什么疑问。

6. 简述店铺直播的注意事项。

二、材料准备

请根据所学知识和任务要求,确定所需要的设备和材料,制订详细的任务实施计划方案。

1. 需要准备的材料:

2.需要准备的设备：

3.分组计划方案：

三、任务实施

1.根据任务要求，完成相关操作。

每小组自行选择一款商品，根据所学的店铺直播内容和注意事项，借助直播完成产品推广，小组间对比交流。

2.操作反思。

针对店铺直播操作过程中的问题与经验技巧，写出心得并分享学习。

四、评价与反馈

评价项目	评分标准	分值	评分要求	自评	互评	师评	得分
流程操作	□1.直播间的"粉丝"数 □2.直播间商品销售量	40	根据每小组排名情况计分（40、30、20、10）				
内容过程	□1.完成对直播间商品描述 □2.完成直播间场景设置	20	每项得分均为10分，最高不得超过20分				
任务完成情况	□1.完成运用店铺直播对产品的推广 □2.未完成运用店铺直播对产品的推广	20	未完成任务扣20分				
活动参与	□1.积极参与教学、全勤 □2.缺勤高于总学时的30%	10	缺勤高于30%的扣5分，但不得超过10分				
工单填写	□1.字迹清晰，无漏填 □2.语句通顺，表达规范 □3.无错别字，无涂改 □4.知识链接规范填写 □5.任务工单填写及时	10	未完成一项扣2分，但不得超过10分				
教师签字		100	教师总评	实训成绩			

项目 6　店铺日常管理

任务 6.1　商品管理

任务名称	商品管理	学时		任务成绩	
学生姓名		班级		实训日期	
实训设备、工具及素材	电脑 50 台	实训场地		电子商务实训中心	
工单号		实训教师			
任务目的	结合所学知识，完成店铺商品管理的相关操作				

一、知识链接

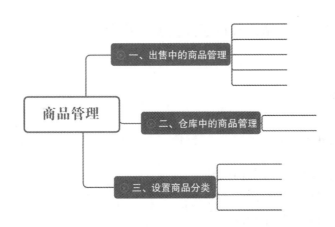

要求：补充知识链接中的空白处，并据相关知识完成以下内容。

1. 如何对商品进行橱窗推荐设置？

2. 在添加分类的操作中，选择"自动添加分类"，系统有几种分类方式？分别是什么？

二、材料准备

请根据所学的商品管理知识，确定所需要的设备和材料，制订详细的任务实施计划方案。

1. 需要准备的材料：

2. 需要准备的设备：

3. 分组计划方案：

三、任务实施

1. 根据任务要求，完成相关操作。

（1）登录淘宝账号完成出售中的商品和仓库中的商品管理的相关操作，叙述操作过程。

（2）根据店铺性质以及店铺产品的特点，选择合适的商品分类方式为店铺添加大的分类和子分类；并将商品添加到正确的分类中。

（3）根据店铺需要对商品进行适当的调整，上下架以及更新商品信息。

2. 操作提升。

选择店铺热卖或者主力商品，进行店铺橱窗推荐设置。

四、评价与反馈

评价项目	评分标准	分值	评分要求	自评	互评	师评	得分
任务操作	□1.能够根据店铺情况选择合适的商品分类方式 □2.能够懂得上架、下架商品，以及修改已发布的商品信息	40	每项得分为20分，最高不得超过40分				
过程内容	□1.为店铺商品添加分类 □2.为商品添加子分类	20	每项得分为10分				
任务完成情况	□1.能完成商品信息操作 □2.未完成商品信息操作	20	未完成商品管理扣20分				
活动参与	□1.积极参与教学、全勤 □2.缺勤高于总学时的30%	10	缺勤高于30%的扣5分，但不得超过10分				
工单填写	□1.字迹清晰，无漏填 □2.语句通顺，表达规范 □3.无错别字，无涂改 □4.知识链接规范填写 □5.任务工单填写及时	10	未完成一项扣2分，但不得超过10分				
教师签字		100	教师总评	实训成绩			

项目6 店铺管理

任务6.2 交易管理

任务名称	交易管理	学时		任务成绩	
学生姓名		班级		实训日期	
实训设备、工具及素材	电脑50台	实训场地		电子商务实训中心	
工单号			实训教师		
任务目的	结合所学知识，完成店铺商品交易的相关操作				

一、知识链接

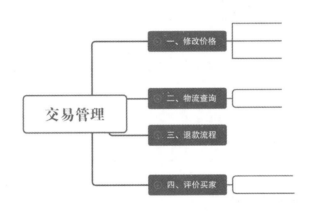

要求：补充知识链接中的空白处，并据相关知识完成以下内容。

1. 卖家使用_____可以无须通过网银查账，_____即时告知您买家付款情况。

2. 商品交易过程中，卖家可以对订单进行_____、_____、发货和_____等处理。

3. 支付宝可以通过_____提现，也可以通过_____提现。

4. 根据图片回答问题。

简述交易退款的基本流程。
_____
_____
_____

二、材料准备

请根据所学的商品管理知识，确定所需要的设备和材料，制订详细的任务实施计划方案。

1. 需要准备的材料：

2. 需要准备的设备：

3. 分组计划方案：

三、任务实施

1. 根据任务要求，完成相关操作。

以小组为单位，讨论在交易过程中卖家可以对订单进行哪些操作？

2. 操作提升。

登录淘宝账号，模拟一次交易过程，完成商品交易中的价格修改、物流查询、交易退款、买家评论，以及运用支付宝付款等相关操作，分小组完成并回顾操作流程。

四、评价与反馈

评价项目	评分标准	分值	评分要求	自评	互评	师评	得分
任务操作	□1.能完成价格修改 □2.能完成物流相关操作 □3.能完成交易退款	45	每项得分为15分，最高不得超过45分				
过程内容	□1.认真评价买家反馈 □2.支付宝使用	20	每项得分为10分				
任务完成情况	□1.能完成店铺交易操作 □2.未完成店铺交易操作	15	未完成交易管理扣15分				
活动参与	□1.积极参与教学、全勤 □2.缺勤高于总学时的30%	10	缺勤高于30%的扣5分，但不得超过10分				
工单填写	□1.字迹清晰，无漏填 □2.语句通顺，表达规范 □3.无错别字，无涂改 □4.知识链接规范填写 □5.任务工单填写及时	10	未完成一项扣2分，但不得超过10分				
教师签字		100	教师总评	实训成绩			

项目 6 店铺管理

任务 6.3 账号管理

任务名称	账号管理	学时		任务成绩	
学生姓名		班级		实训日期	
实训设备、工具及素材	电脑 50 台		实训场地	电子商务实训中心	
工单号			实训教师		
任务目的	结合所学知识，完成店铺账号管理的相关操作				

一、知识链接

要求：补充知识链接中的空白处，并据相关知识完成以下内容。

1. 逾期未认证的子账号将会被冻结，但主账号可以临时解冻_____天。

2. 子账号登录千牛 App 后需要按照页面提示提供包括岗位_____、_____等信息。

3. 什么是子账号，它有什么作用？

4. 子账号能解决卖家什么问题？

5. 不同身份的店铺可以获得多少子账号数量？

6. 子账号接收不到旺旺分流的消息，如何处理？

二、材料准备

请根据所学的商品管理知识，确定所需要的设备和材料，制订详细的任务实施计划方案。

1. 需要准备的材料：

2. 需要准备的设备：

3. 分组计划方案：

三、任务实施

1. 根据店铺账号管理的任务要求完成相关操作。

（1）登录千牛账号，按流程完成新建子账号、子账号的修改与删除相关操作，叙述操作过程。

（2）完成子账号的分流设置，开通子账号安全登录保护，并总结交流。

2. 操作提升。

针对操作过程中的问题与经验技巧，写出心得并分享学习。

四、评价与反馈

评价项目	评分标准	分值	评分要求	自评	互评	师评	得分
任务操作	□1.能完成子账号新建 □2.能对子账号进行分流 □3.能对子账号进行修改	45	每项得分为15分，最高不得超过45分				
过程内容	□1.设置子账号授权 □2.设置子账号登录方式	20	每项得分为10分				
任务完成情况	□1.能完成店铺账号操作 □2.未完成店铺账号操作	15	未完成账号管理扣15分				
活动参与	□1.积极参与教学、全勤 □2.缺勤高于总学时的30%	10	缺勤高于30%的扣5分，但不得超过10分				
工单填写	□1.字迹清晰，无漏填 □2.语句通顺，表达规范 □3.无错别字，无涂改 □4.知识链接规范填写 □5.任务工单填写及时	10	未完成一项扣2分，但不得超过10分				
教师签字		100	教师总评	实训成绩			

项目6 店铺管理

任务 6.4 客服管理

任务名称	客服管理	学时		任务成绩	
学生姓名		班级		实训日期	
实训设备、工具及素材	电脑 50 台		实训场地	电子商务实训中心	
工单号			实训教师		
任务目的	结合所学知识,完成店铺客服管理的相关操作				

一、知识链接

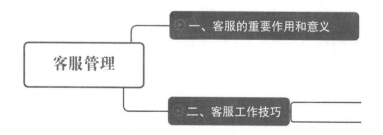

要求:补充知识链接中的空白处,并据相关知识完成以下内容。

1. 可以通过设置_____自动回复功能提前把常用的句子保存起来,这样在忙乱的时候可以快速回复买家。

2. 客服的重要作用体现在_____、_____、_____、_____等方面。

3. 根据店铺定位编制客服手册的方法是什么?

4. 如果买家想让卖家打八折,但是目前店铺里没有这样的优惠活动,你应该如何处理?请模拟相关场景。

5. 当客服人员在工作中遭遇客户刁难时应该怎么做呢?

二、材料准备

请根据所学的商品管理知识,确定所需要的设备和材料,制订详细的任务实施计划方案。

1.需要准备的材料：

2.需要准备的设备：

3.分组计划方案：

三、任务实施

1.根据店铺客户管理的任务要求完成相关操作。

针对买家对产品提出的问题做出解答，并尽可能巧妙地运用各种接待技巧来开展业务，吸引更多买家。

2.操作提升。

针对操作过程中的问题与经验技巧，写出心得并分享学习。

四、评价与反馈

评价项目	评分标准	分值	评分要求	自评	互评	师评	得分
任务操作	□1.能熟悉店铺特点 □2.能熟悉店铺运营流程 □3.能熟悉客服工作内容	45	每项得分为15分，最高不得超过45分				
过程内容	□1.对话内容齐全 □2.服务态度友好	20	每项得分为10分				
任务完成情况	□1.能完成店铺客服操作 □2.未完成店铺客服操作	15	未完成账号管理扣15分				
活动参与	□1.积极参与教学、全勤 □2.缺勤高于总学时的30%	10	缺勤高于30%的扣5分，但不得超过10分				
工单填写	□1.字迹清晰，无漏填 □2.语句通顺，表达规范 □3.无错别字，无涂改 □4.知识链接规范填写 □5.任务工单填写及时	10	未完成一项扣2分，但不得超过10分				
教师签字		100	教师总评		实训成绩		